Hoe Te Teken

SCHATTIGE DIERENGEZICHTEN

Voor Kinderen Van 4-8 Jaar

Dit boek behoort tot

....

Auteursrecht©2023 Edward Afrifa Manu
Alle rechten voorbehouden

Laten We Leren Tekenen

Leren tekenen met de rastypemethode is een van de gemakkelijkste manieren om je nauwkeurigheid, observatie en verhoudingsvaardigheden te verbeteren terwijl je tekent.

Je hebt een potlood en een goede gum nodig om succesvol te kunnen oefenen. Je mag fouten maken, maar vergeet niet ervan te leren om beter te worden. Zelfs de beste kunstenaars moeten gummen.

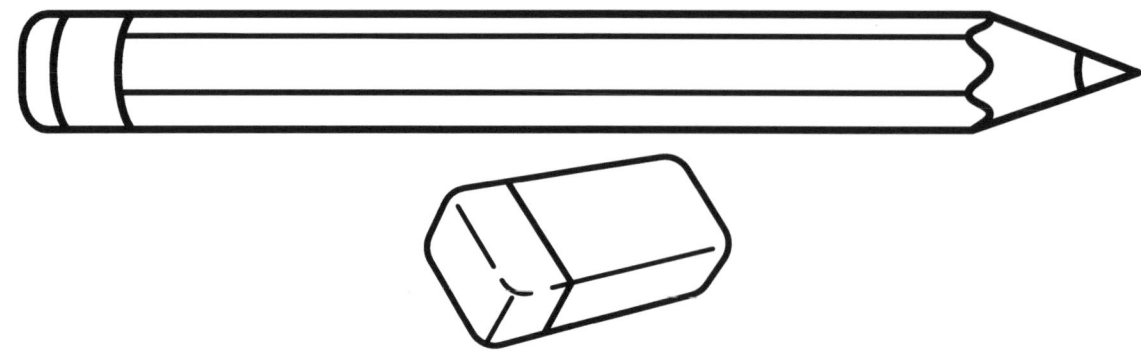

SLEUTELS VOOR HET TEKENEN
1. Begin met een potlood en gebruik dunne en lichte streken. Dit geeft ruimte voor correcties door de streken uit te gummen of donkerder te maken als je het goed hebt.
2. Ga voorzichtig, langzaam en stevig te werk en concentreer je op het object dat je tekent.
3. Schets eerst de omtrek voordat je details toevoegt. Daarna kun je kleuren
4. Onthoud dat perfect oefenen je perfect maakt, dus blijf oefenen. Kunnen tekenen is een vaardigheid die tijd en moeite kost om onder de knie te krijgen.

Oefen elke dag

DE RASTERTEKEN METHODE

Rastertekenen is een techniek die je helpt je nauwkeurigheid te verbeteren zonder afbreuk te doen aan de ontwikkeling van je tekening uit de vrije hand.

Het voorziet je van gemeenschappelijke referentiepunten tussen de afbeelding en de drager. Het verdeelt afbeeldingen in kleinere vierkanten, zodat je je kunt concentreren op het tekenen van je afbeelding, één vierkant per keer.

Begin met raster vierkant A1 en werk naar beneden tot vierkant F7. Concentreer je alleen op wat er in dat specifieke vakje staat waar je aan werkt. Probeer precies te kopiëren wat je in het vakje ziet.

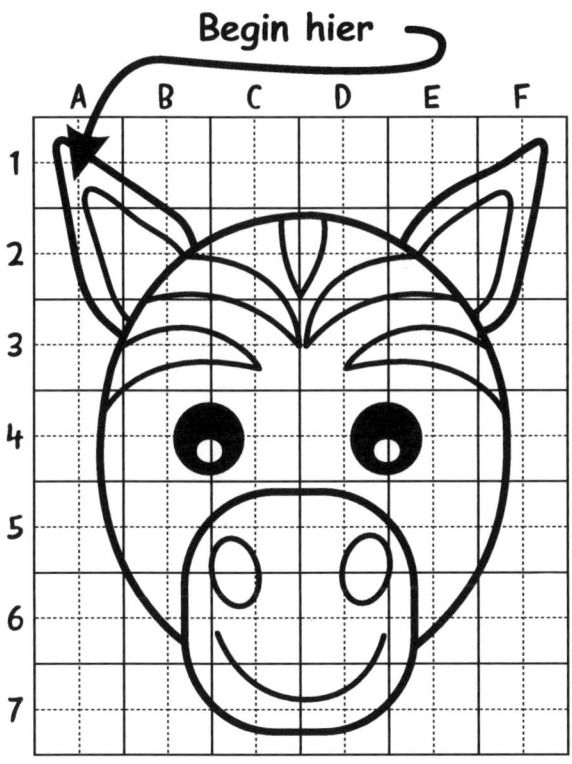
Begin hier

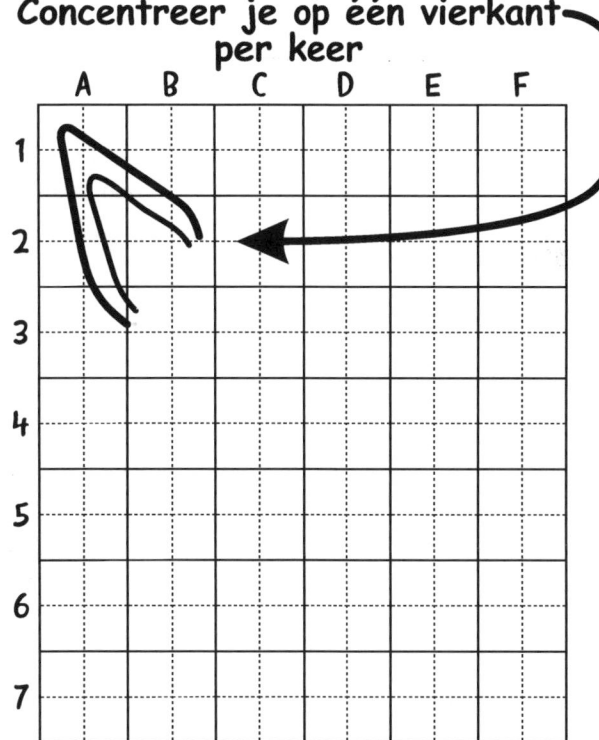
Concentreer je op één vierkant per keer

Voel je vrij om je eigen details toe te voegen of je werk na afloop in te kleuren.

Bestudeer-Kopieer-Traceer-Teken!

 Bestudeer de afbeelding zorgvuldig

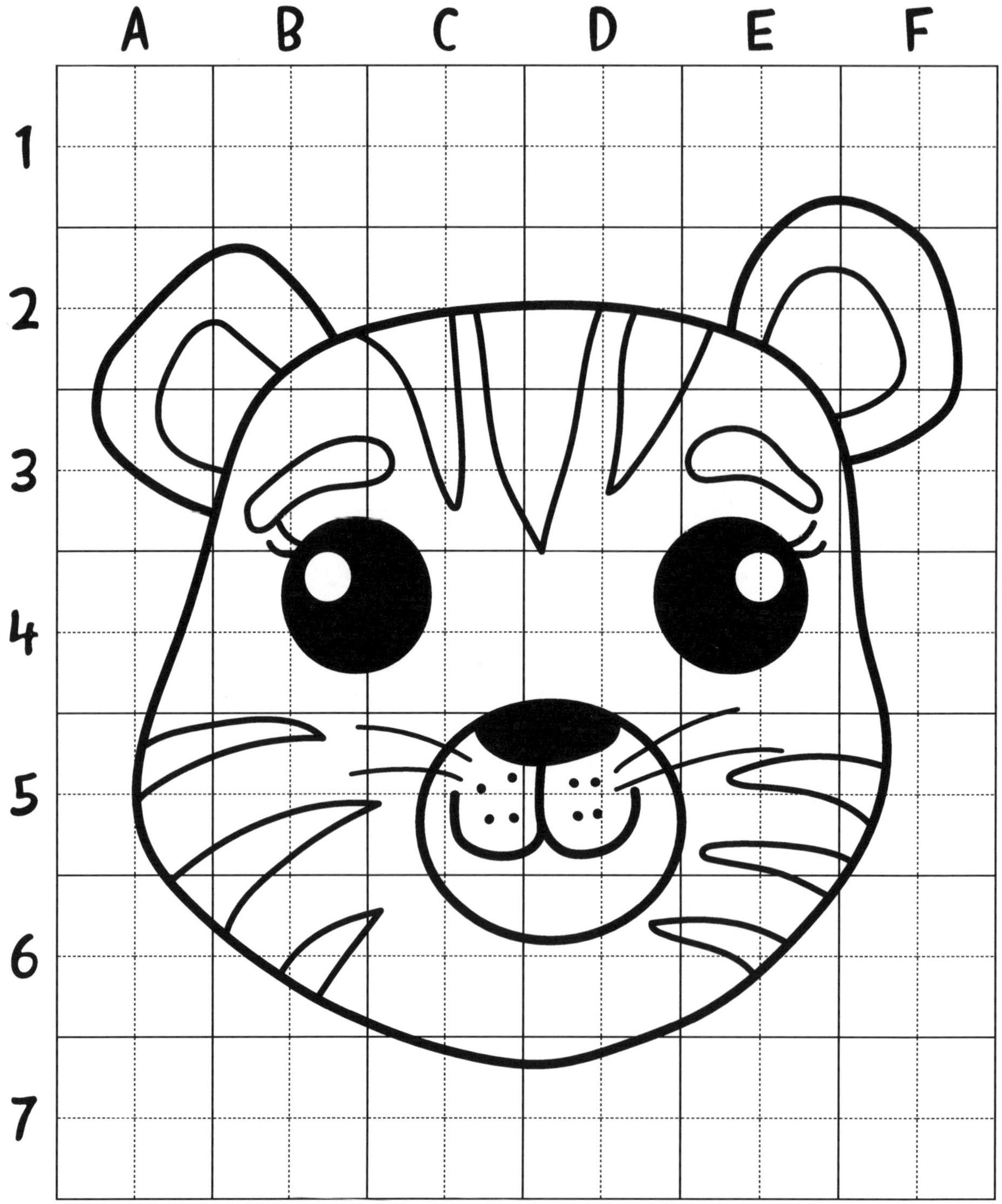

Jouw beurt om te kopiëren

	A	B	C	D	E	F
1						
2						
3						
4						
5						
6						
7						

 Teken het na

Probeer het zelf

 Bestudeer de afbeelding zorgvuldig

Jouw beurt om te kopiëren

	A	B	C	D	E	F
1						
2						
3						
4						
5						
6						
7						

 Teken het na

Probeer het zelf

 Bestudeer de afbeelding zorgvuldig

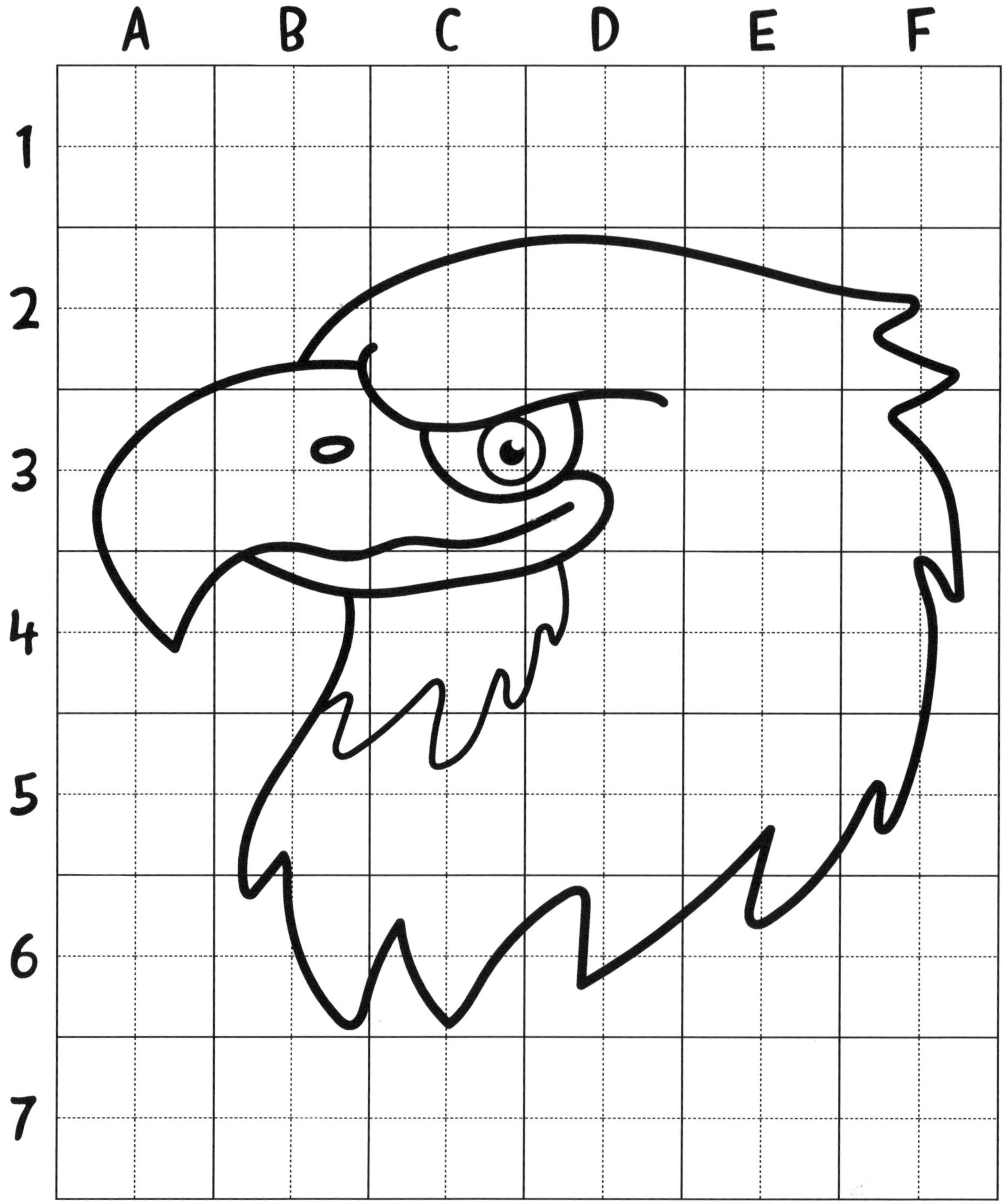

 Jouw beurt om te kopiëren

	A	B	C	D	E	F
1						
2						
3						
4						
5						
6						
7						

 Teken het na

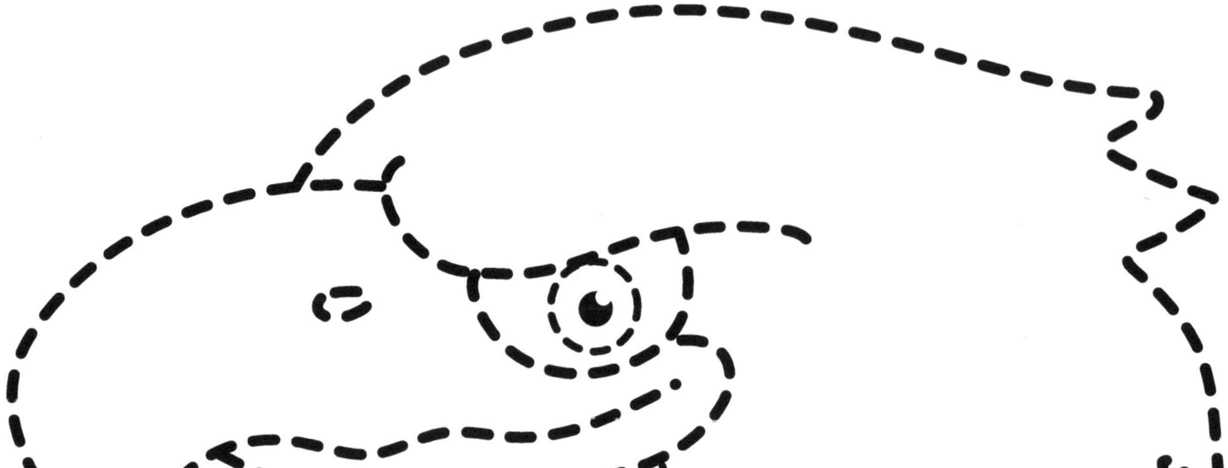

# Probeer het zelf

 Bestudeer de afbeelding zorgvuldig

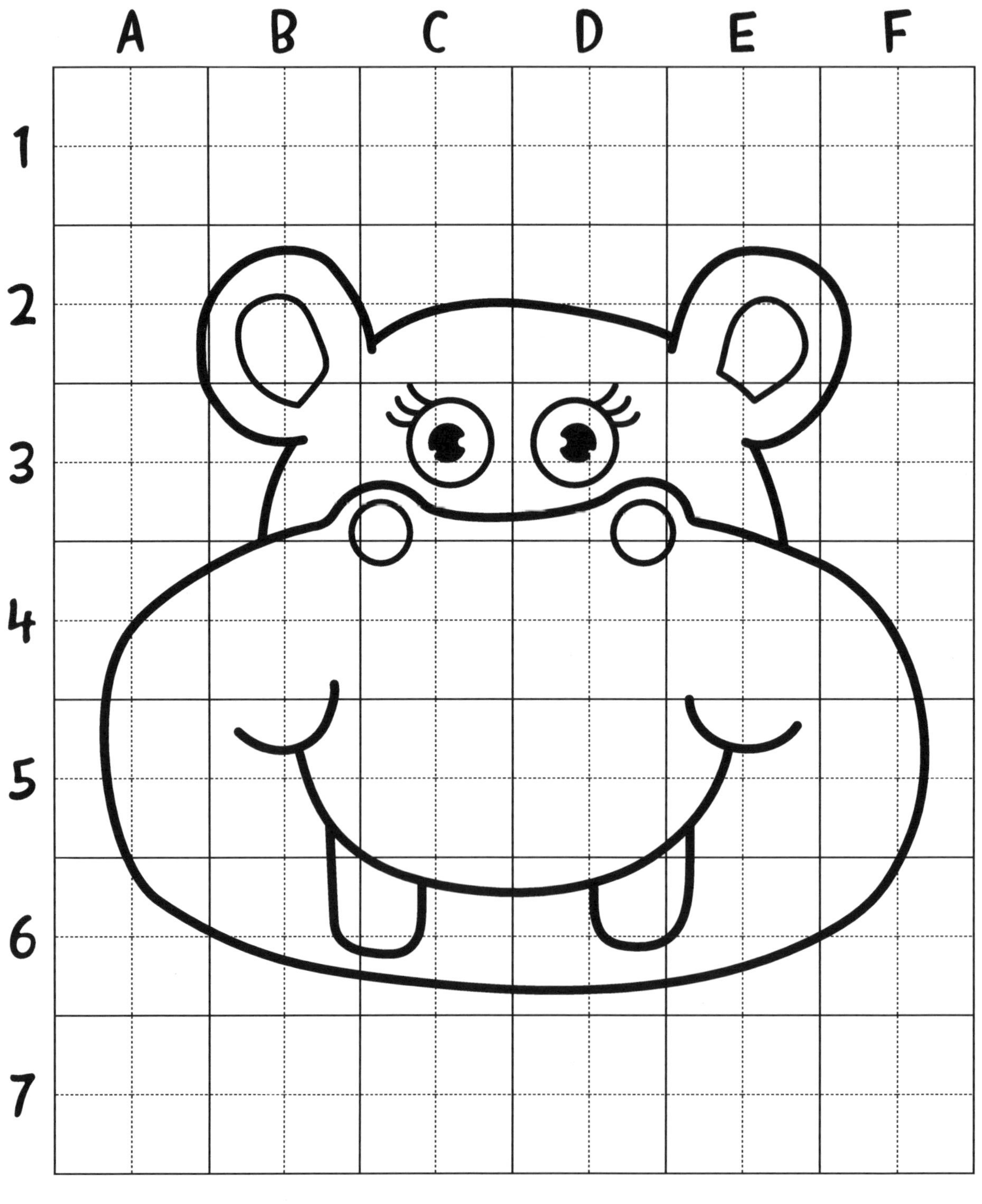

A B C D E F

1 2 3 4 5 6 7

Jouw beurt om te kopiëren

	A	B	C	D	E	F
1						
2						
3						
4						
5						
6						
7						

 Teken het na

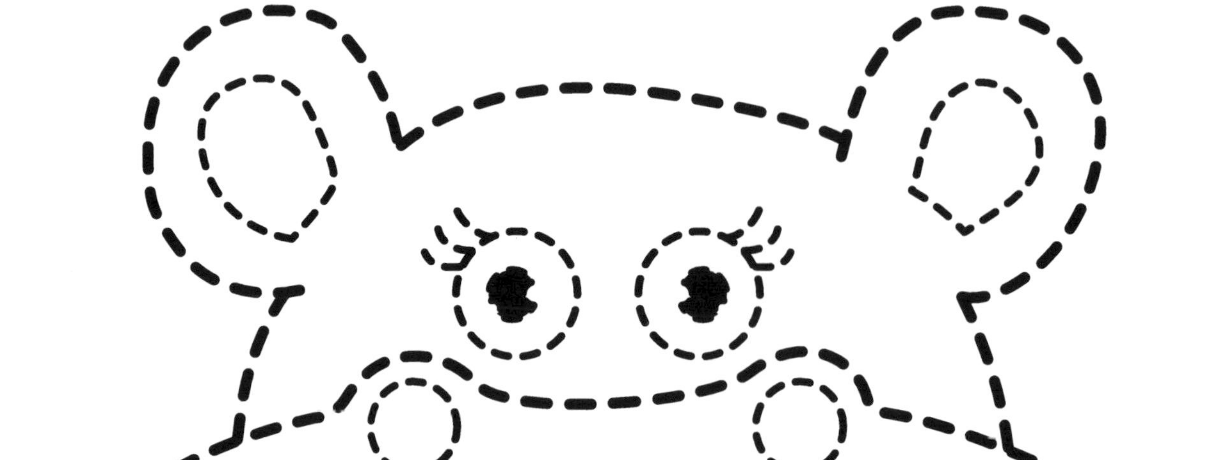

Probeer het zelf

 Bestudeer de afbeelding zorgvuldig

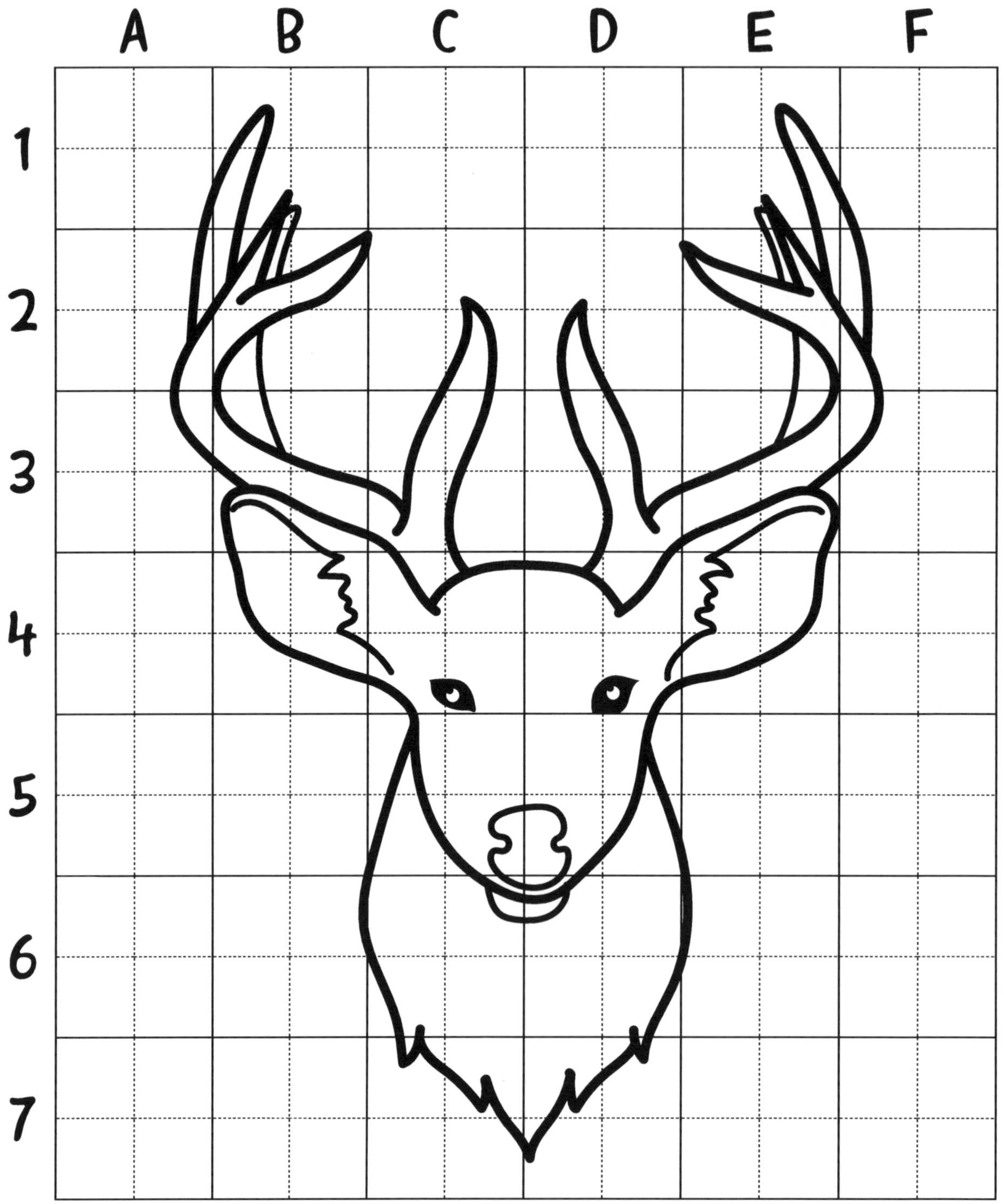

 Jouw beurt om te kopiëren

	A	B	C	D	E	F
1						
2						
3						
4						
5						
6						
7						

 Teken het na

Probeer het zelf

Bestudeer de afbeelding zorgvuldig

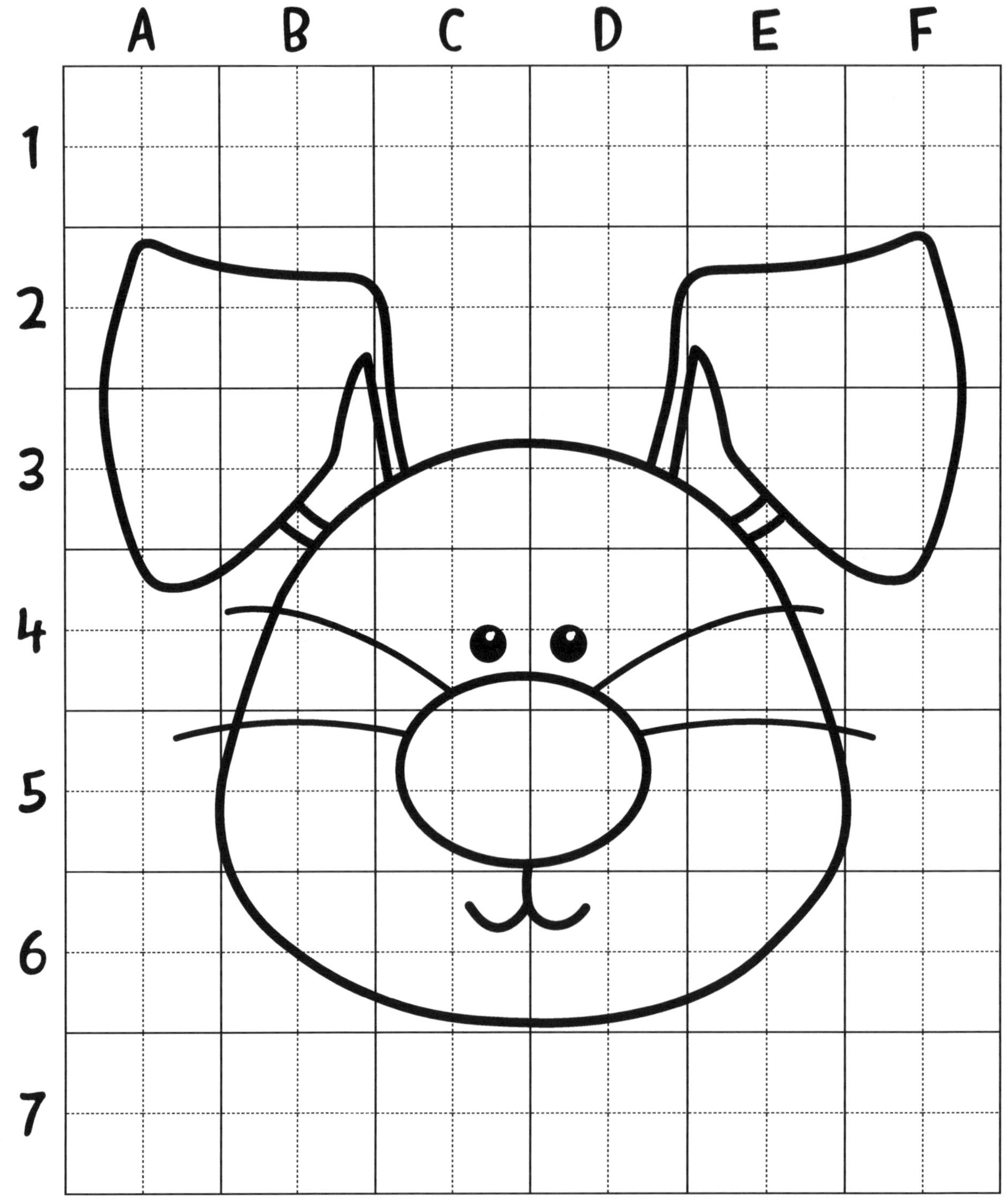

Jouw beurt om te kopiëren

	A	B	C	D	E	F
1						
2						
3						
4						
5						
6						
7						

Teken het na

Probeer het zelf

 Bestudeer de afbeelding zorgvuldig

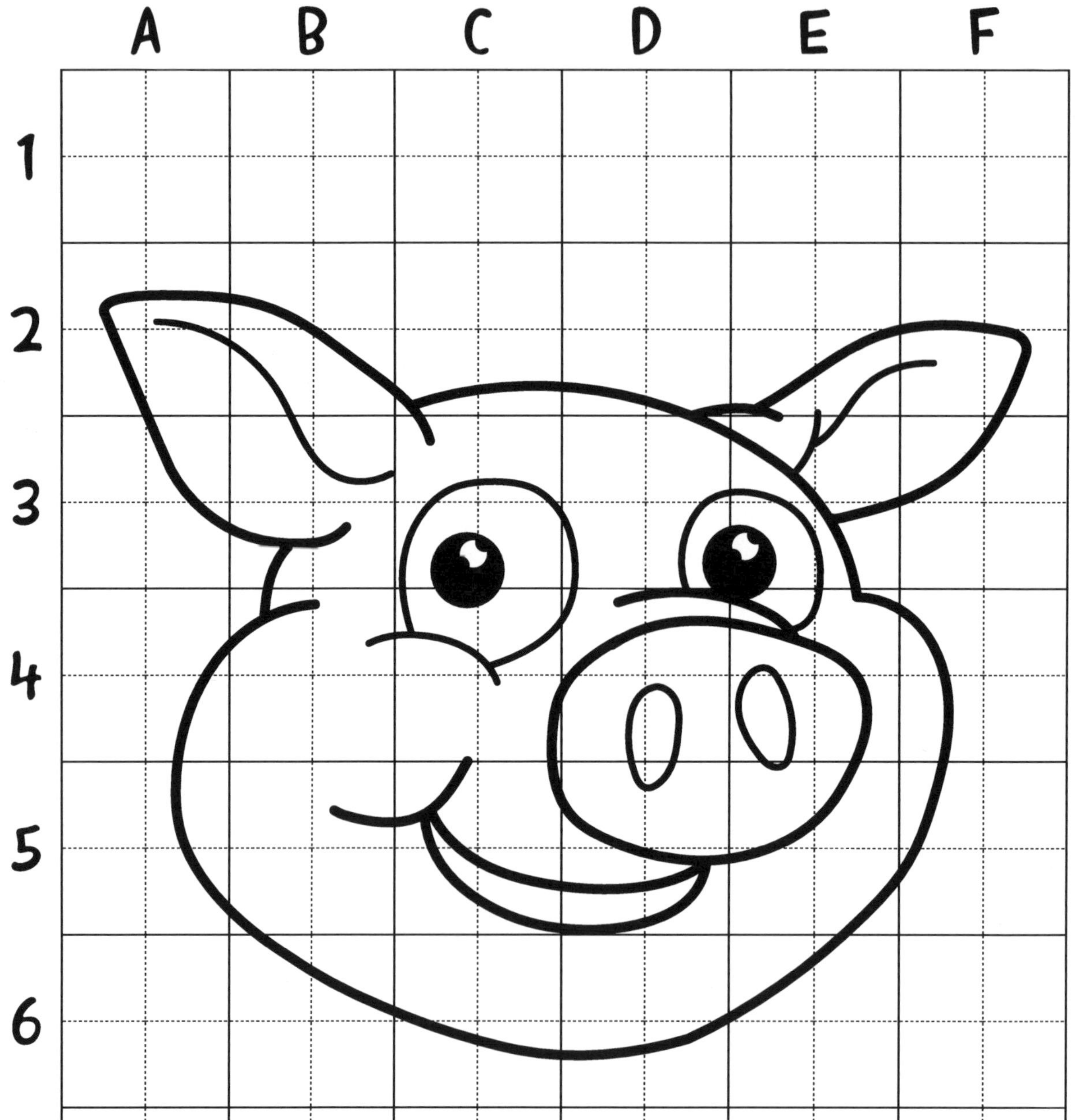

Jouw beurt om te kopiëren

	A	B	C	D	E	F
1						
2						
3						
4						
5						
6						
7						

Teken het na

Probeer het zelf

Bestudeer de afbeelding zorgvuldig

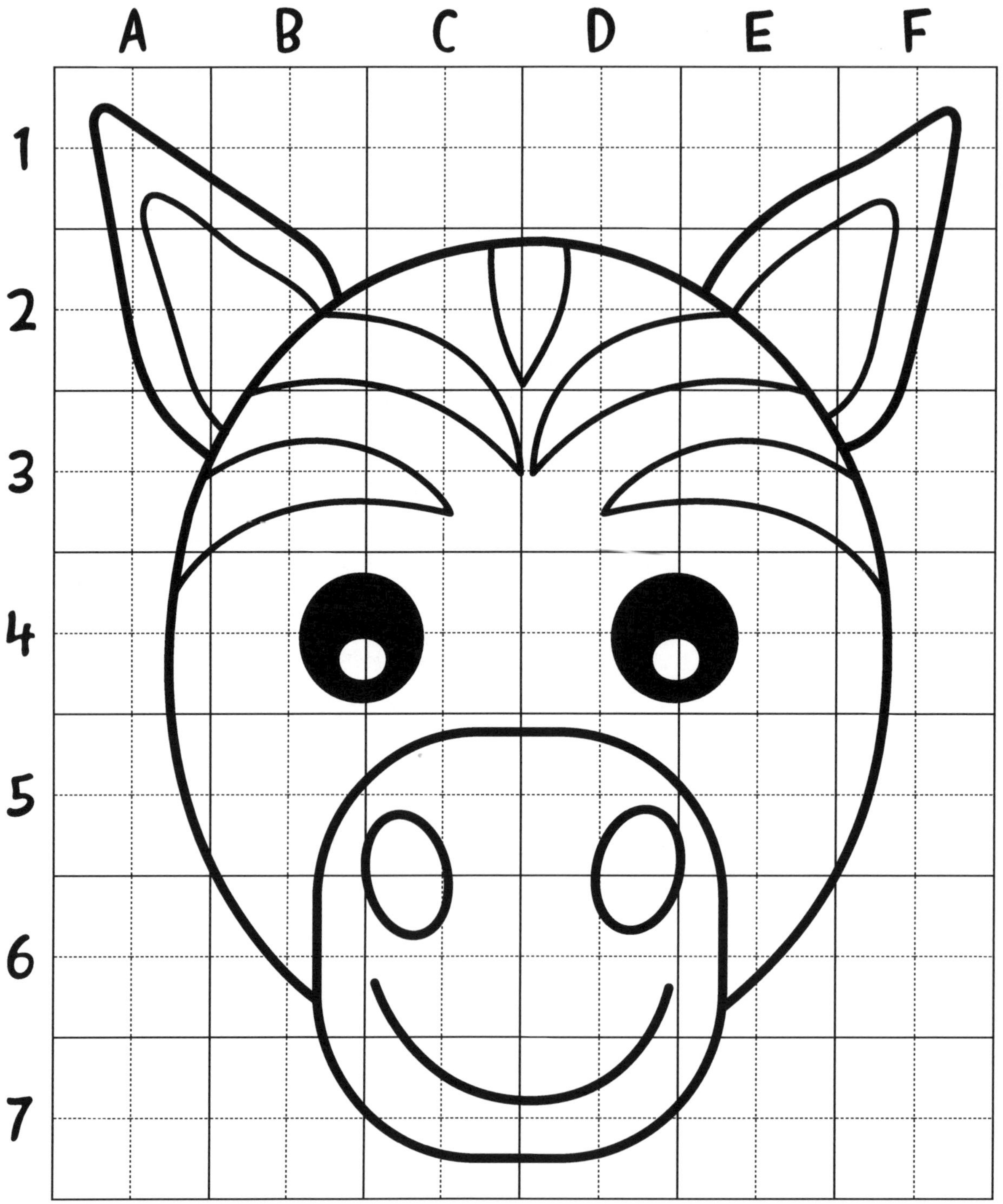

Jouw beurt om te kopiëren

	A	B	C	D	E	F
1						
2						
3						
4						
5						
6						
7						

Teken het na

Probeer het zelf

 Bestudeer de afbeelding zorgvuldig

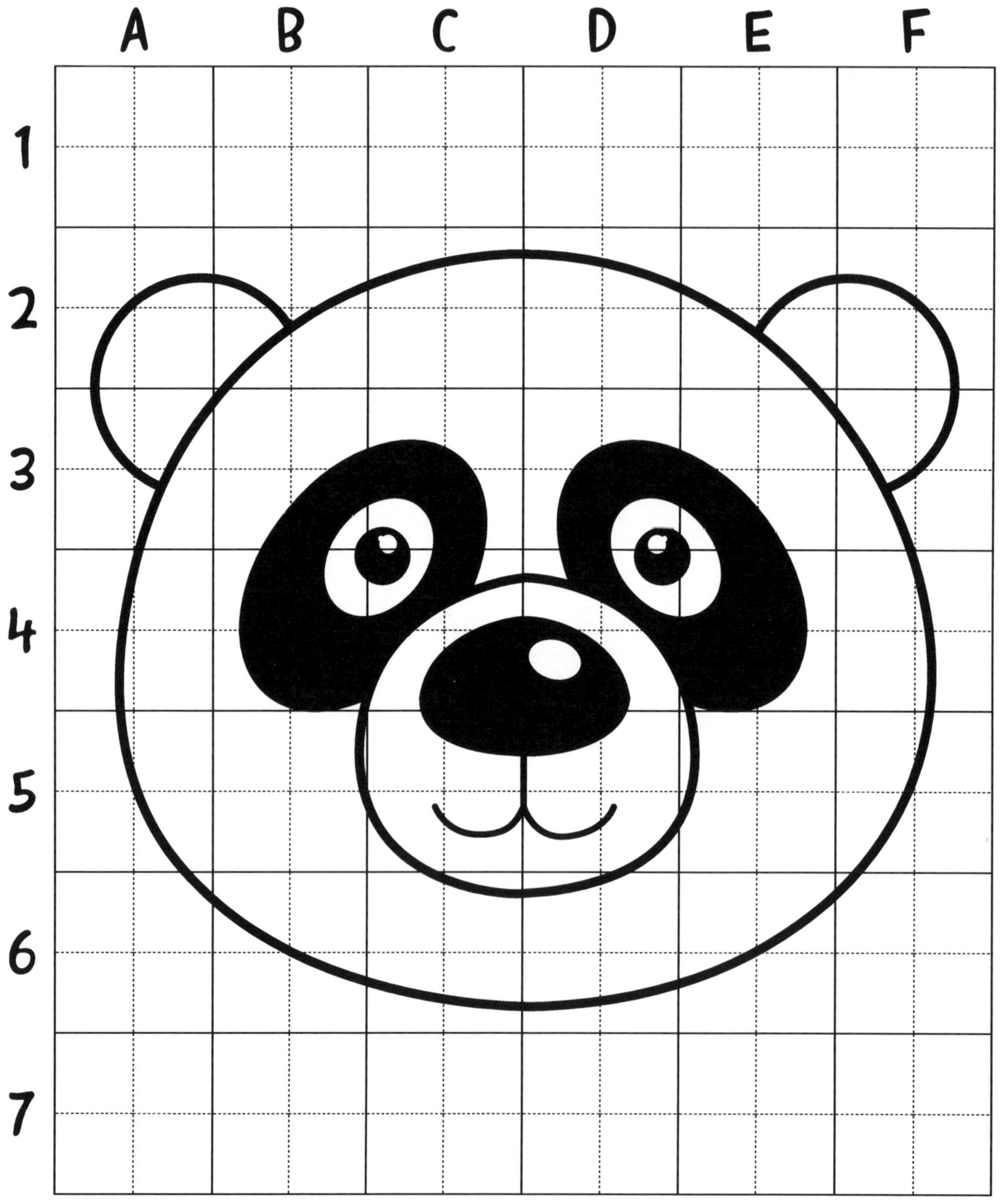

Jouw beurt om te kopiëren

	A	B	C	D	E	F
1						
2						
3						
4						
5						
6						
7						

Teken het na

Probeer het zelf

Bestudeer de afbeelding zorgvuldig

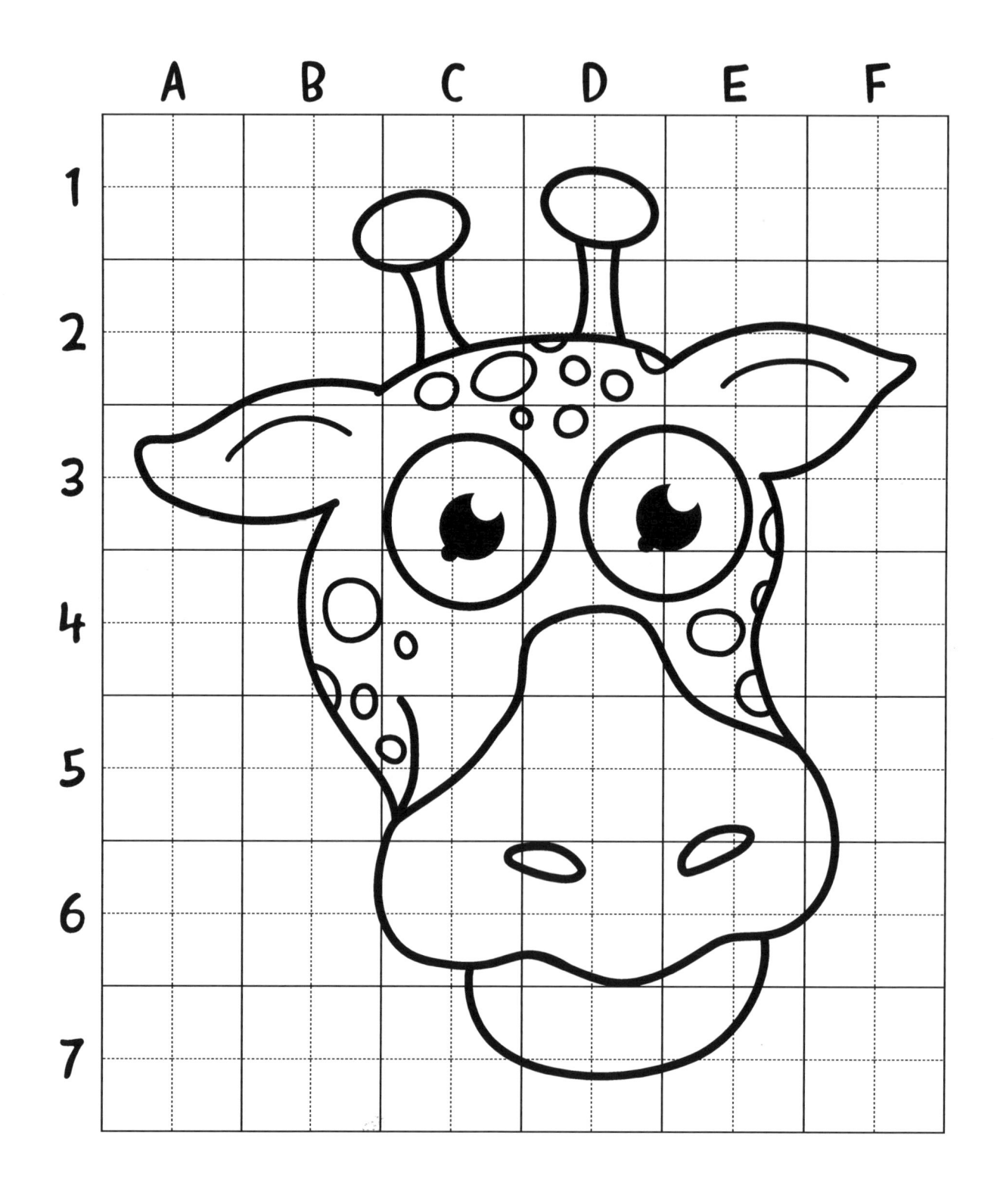

　　　　A　　B　　C　　D　　E　　F

1
2
3
4
5
6
7

Jouw beurt om te kopiëren

	A	B	C	D	E	F
1						
2						
3						
4						
5						
6						
7						

Teken het na

Probeer het zelf

Bestudeer de afbeelding zorgvuldig

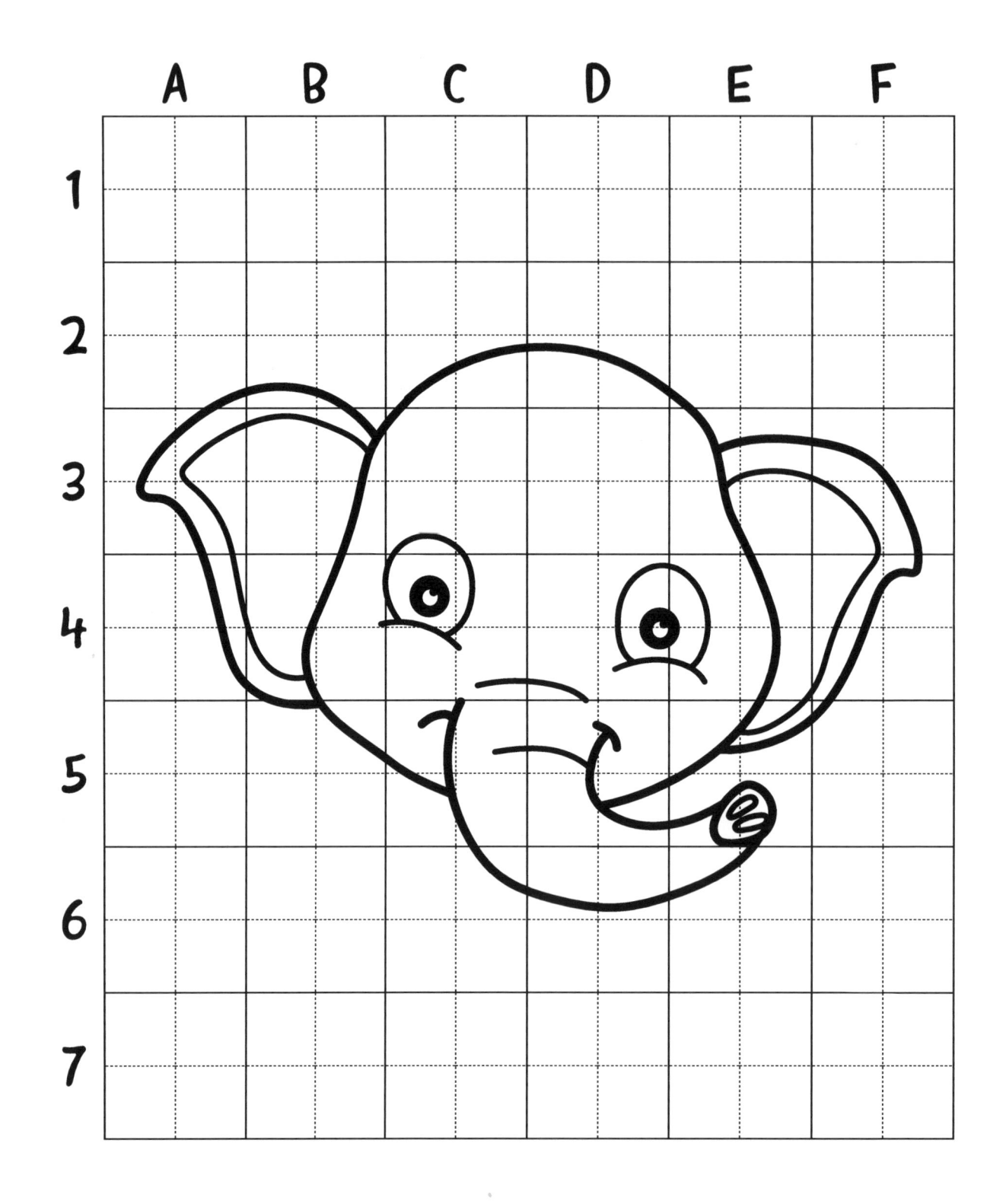

A　　B　　C　　D　　E　　F

1
2
3
4
5
6
7

Jouw beurt om te kopiëren

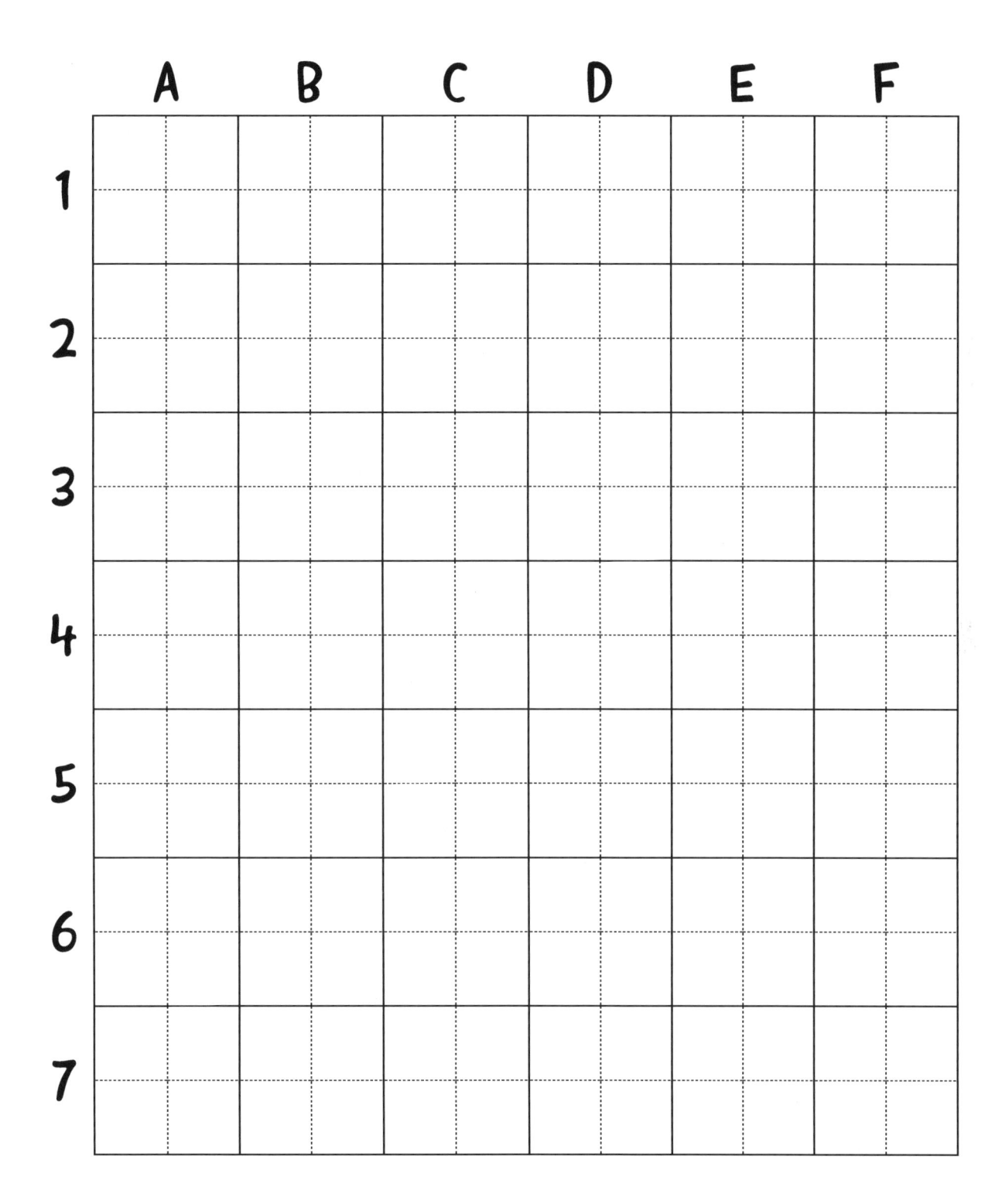

	A	B	C	D	E	F
1						
2						
3						
4						
5						
6						
7						

Teken het na

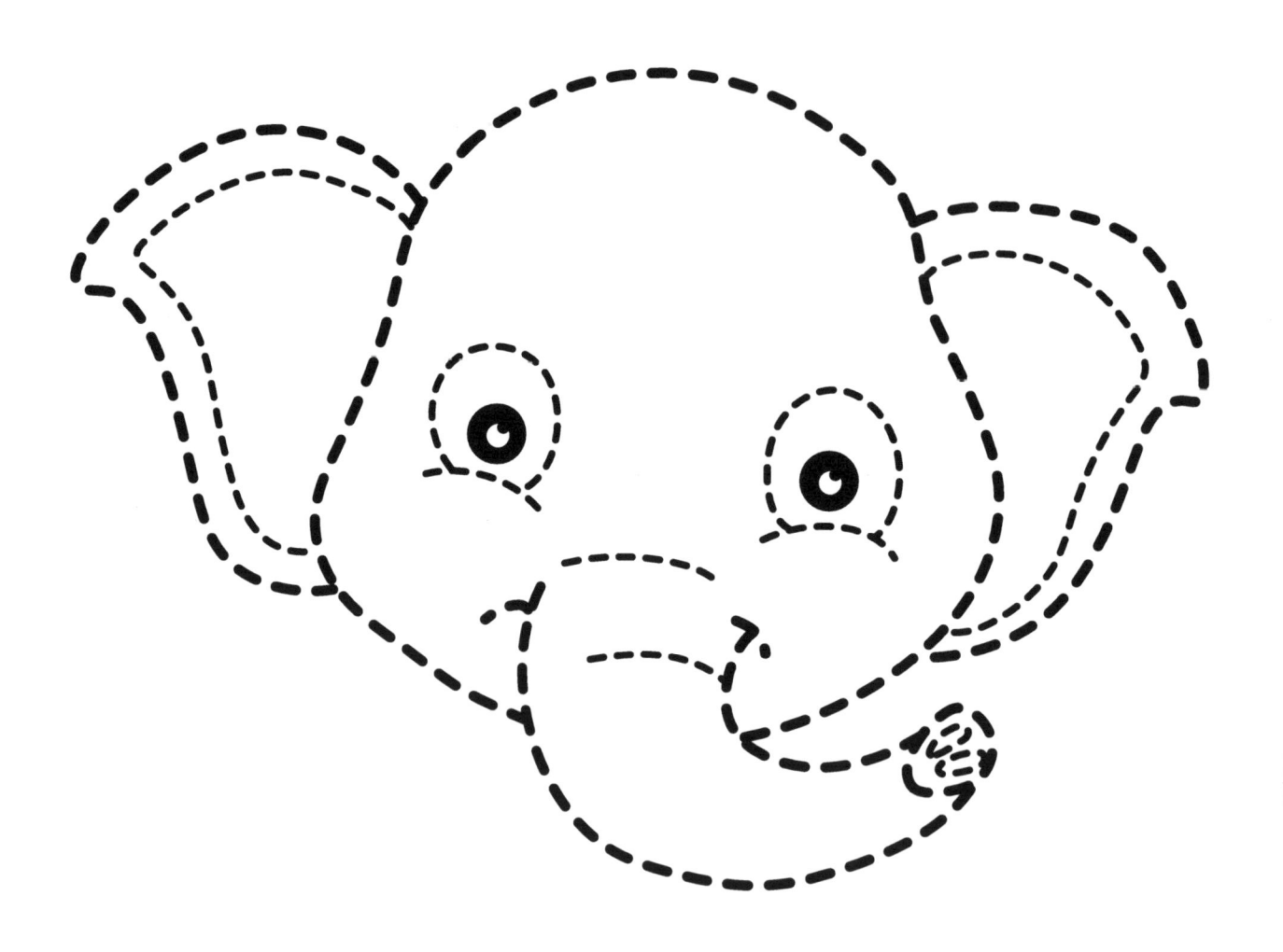

Probeer het zelf

Bestudeer de afbeelding zorgvuldig

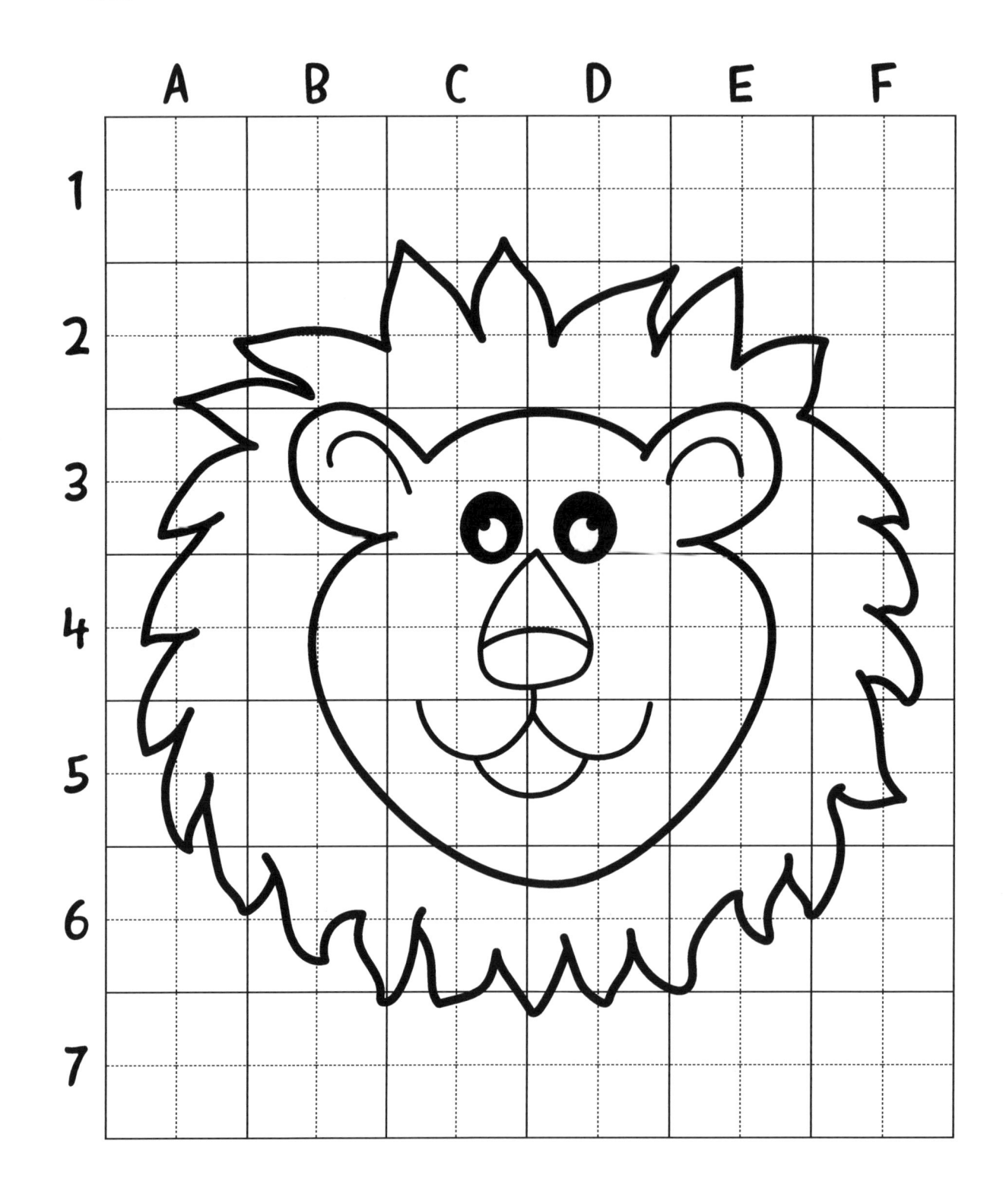

	A	B	C	D	E	F
1						
2						
3						
4						
5						
6						
7						

Jouw beurt om te kopiëren

	A	B	C	D	E	F
1						
2						
3						
4						
5						
6						
7						

Teken het na

Probeer het zelf

Bestudeer de afbeelding zorgvuldig

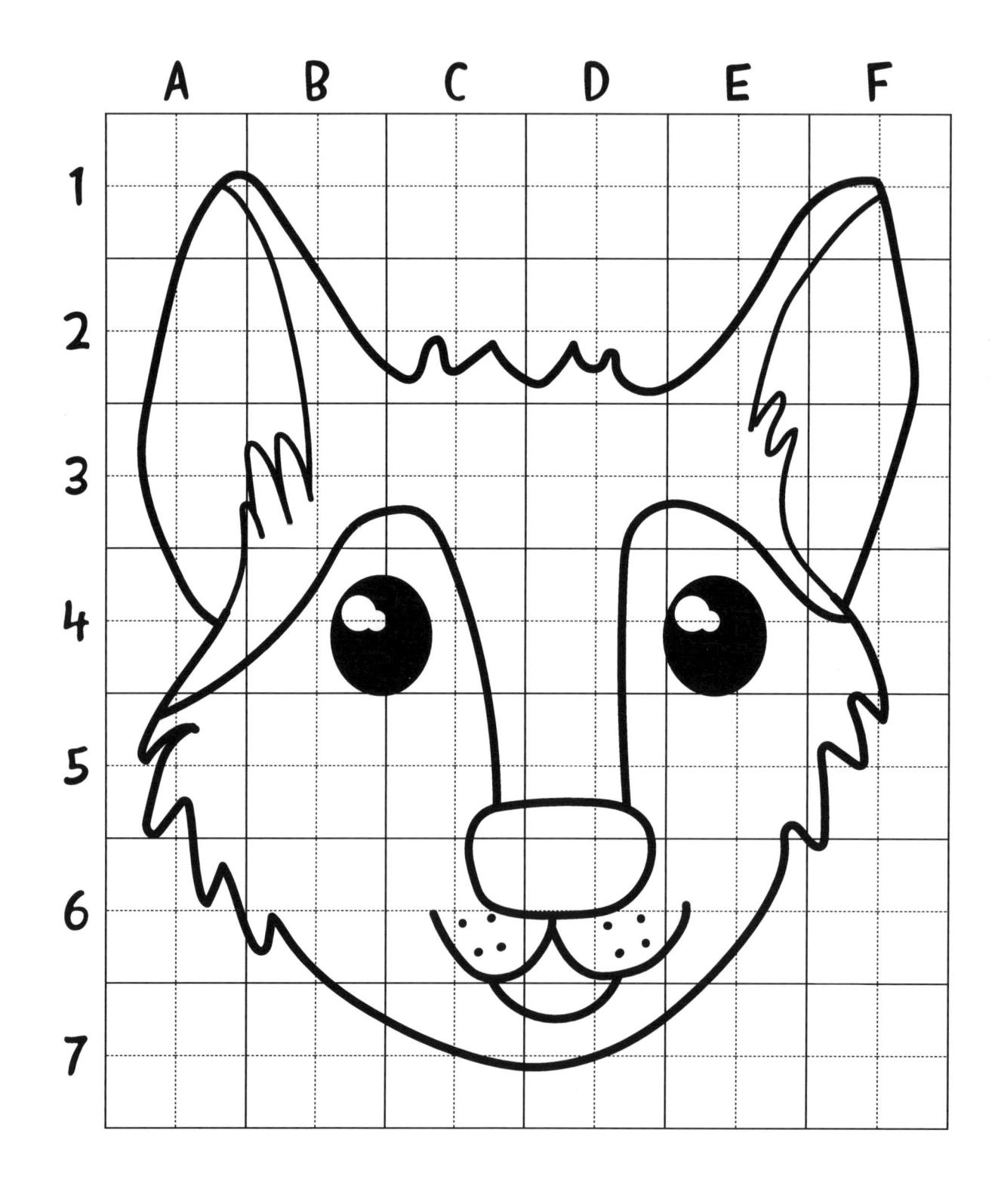

A B C D E F

1
2
3
4
5
6
7

Jouw beurt om te kopiëren

	A	B	C	D	E	F
1						
2						
3						
4						
5						
6						
7						

Teken het na

Probeer het zelf

Bestudeer de afbeelding zorgvuldig

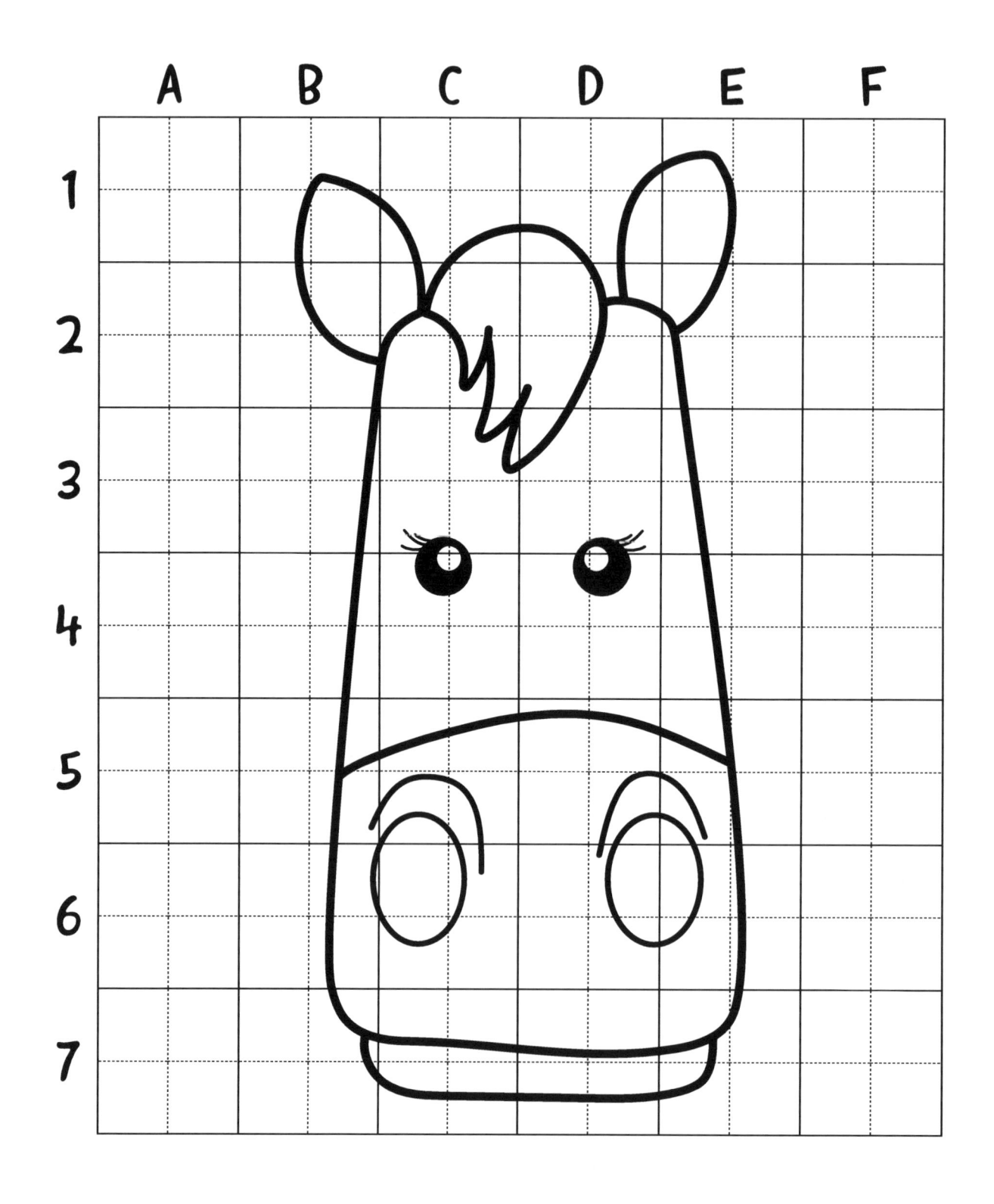

A B C D E F

1 2 3 4 5 6 7

Jouw beurt om te kopiëren

	A	B	C	D	E	F
1						
2						
3						
4						
5						
6						
7						

Teken het na

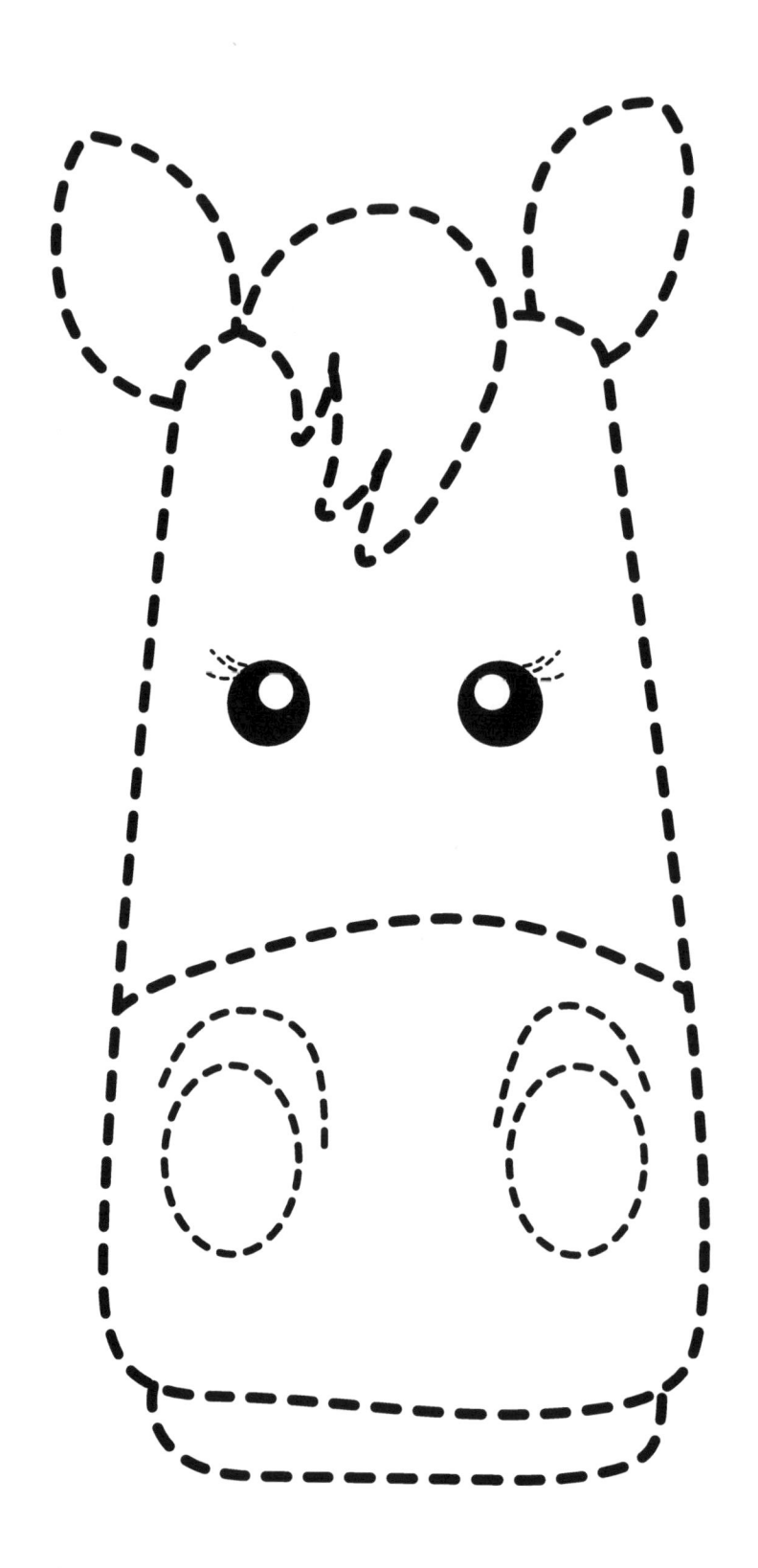

Probeer het zelf

Bestudeer de afbeelding zorgvuldig

A   B   C   D   E   F

1
2
3
4
5
6
7

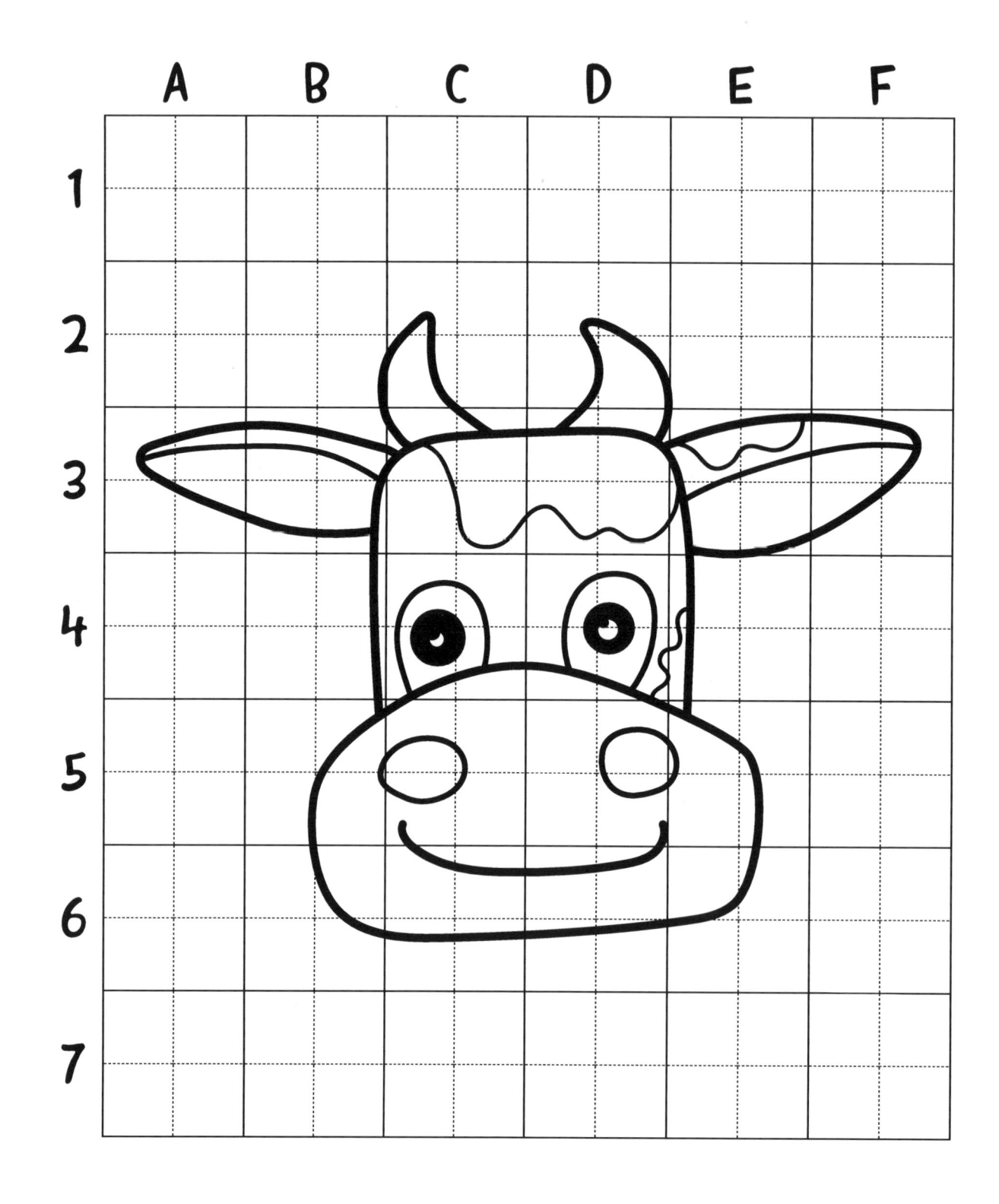

Jouw beurt om te kopiëren

	A	B	C	D	E	F
1						
2						
3						
4						
5						
6						
7						

Teken het na

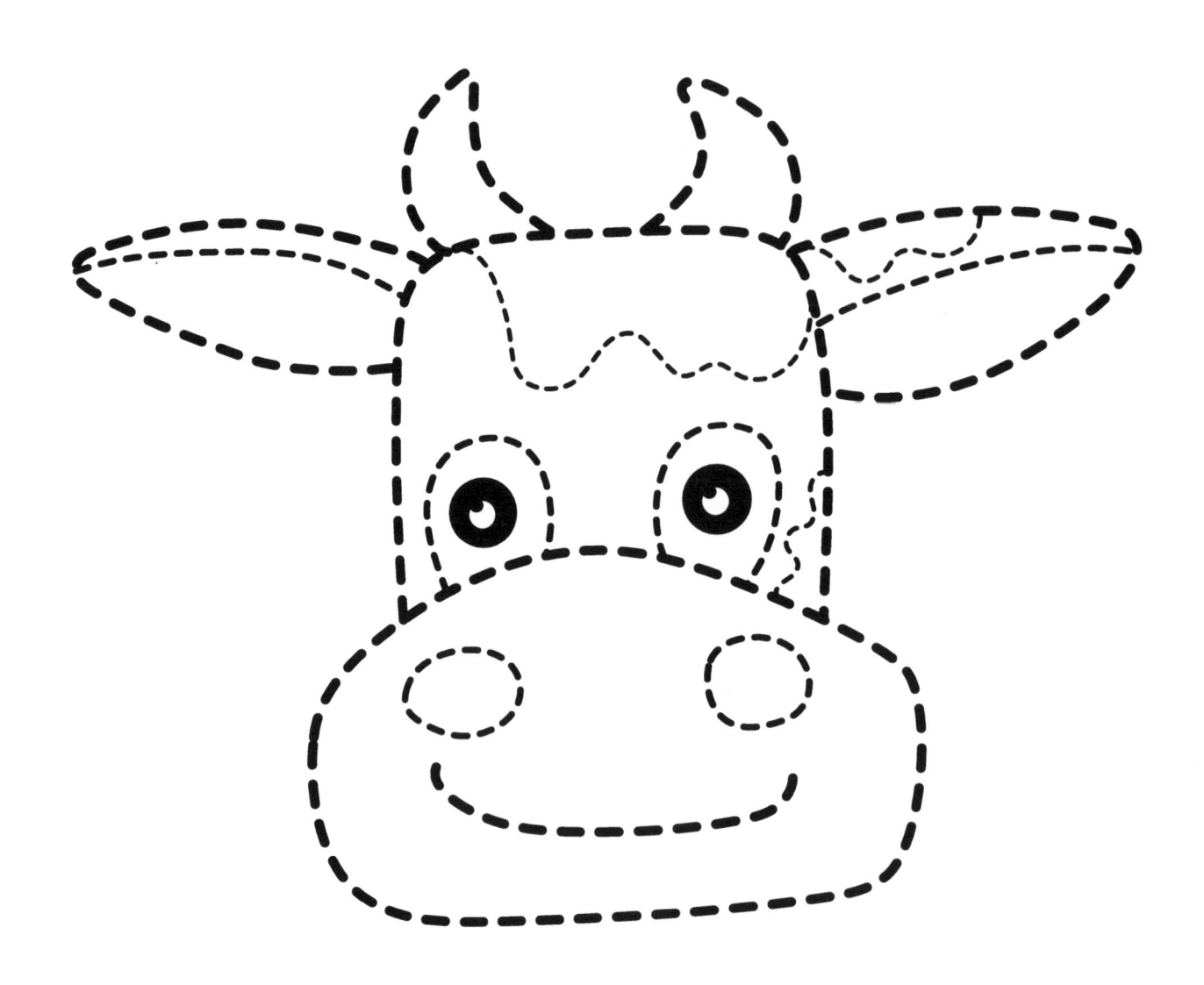

Probeer het zelf

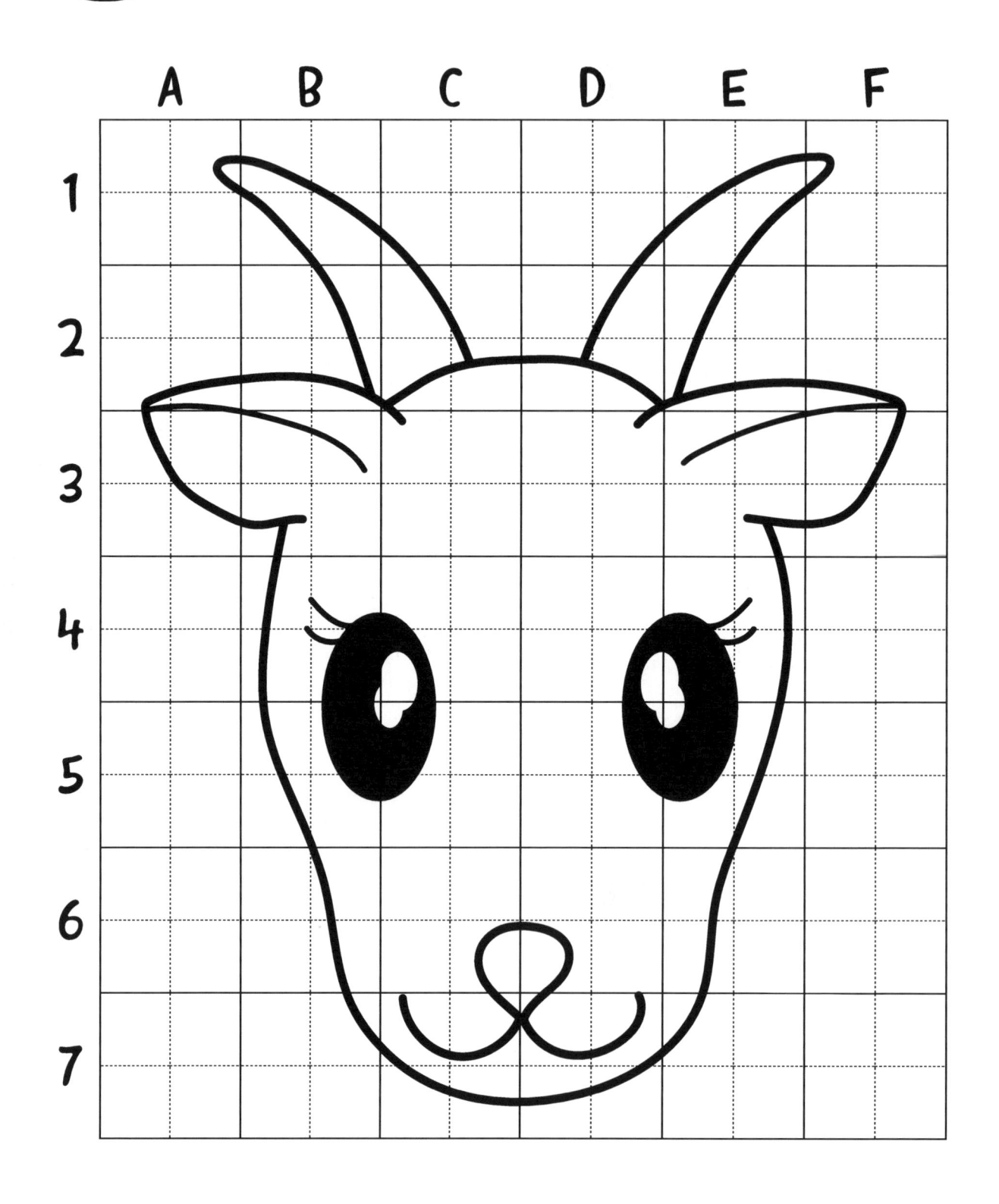

Bestudeer de afbeelding zorgvuldig

Jouw beurt om te kopiëren

	A	B	C	D	E	F
1						
2						
3						
4						
5						
6						
7						

Teken het na

Probeer het zelf

Bestudeer de afbeelding zorgvuldig

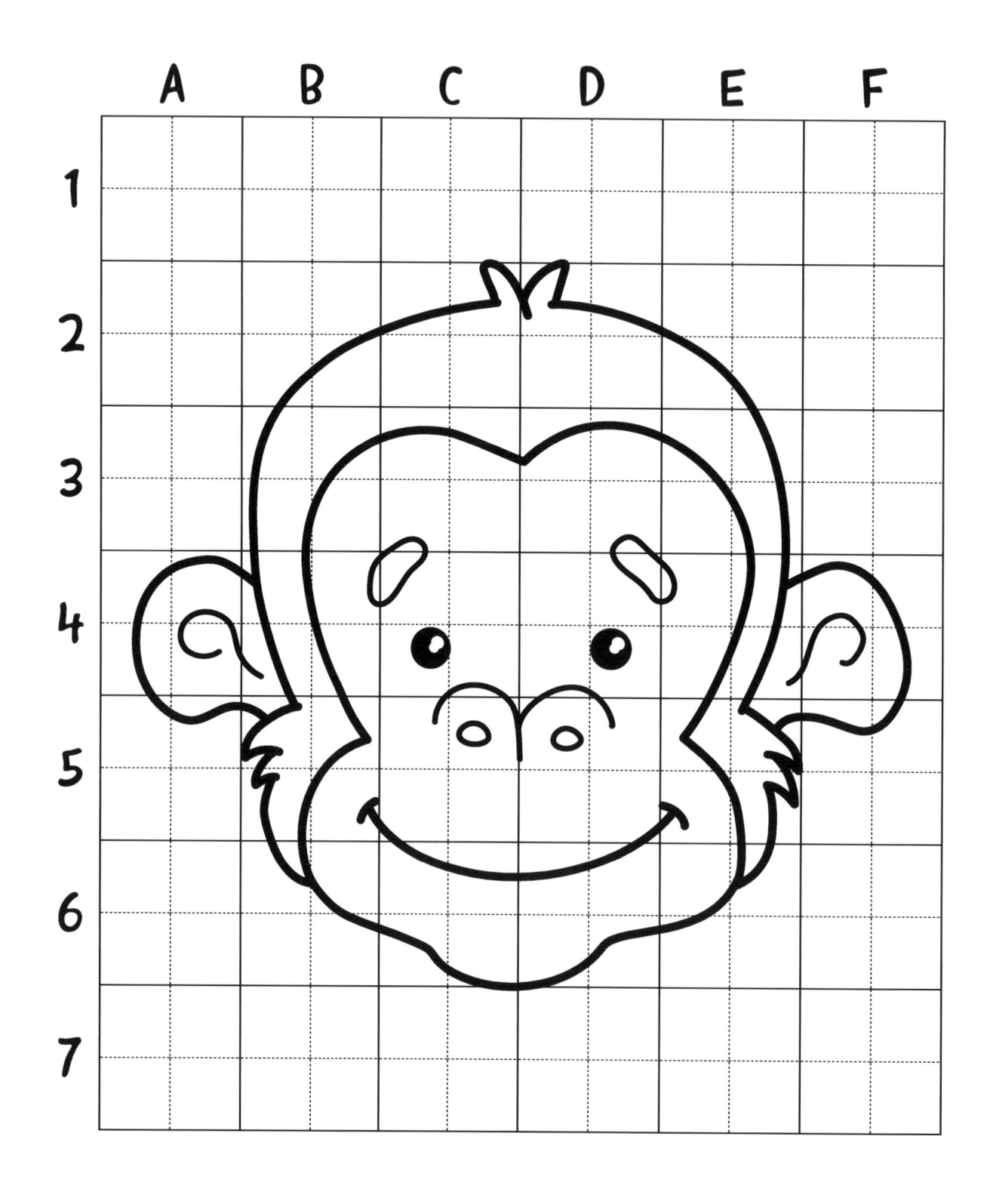

        A   B   C   D   E   F
    1
    2
    3
    4
    5
    6
    7

Jouw beurt om te kopiëren

	A	B	C	D	E	F
1						
2						
3						
4						
5						
6						
7						

Teken het na

Probeer het zelf

Bestudeer de afbeelding zorgvuldig

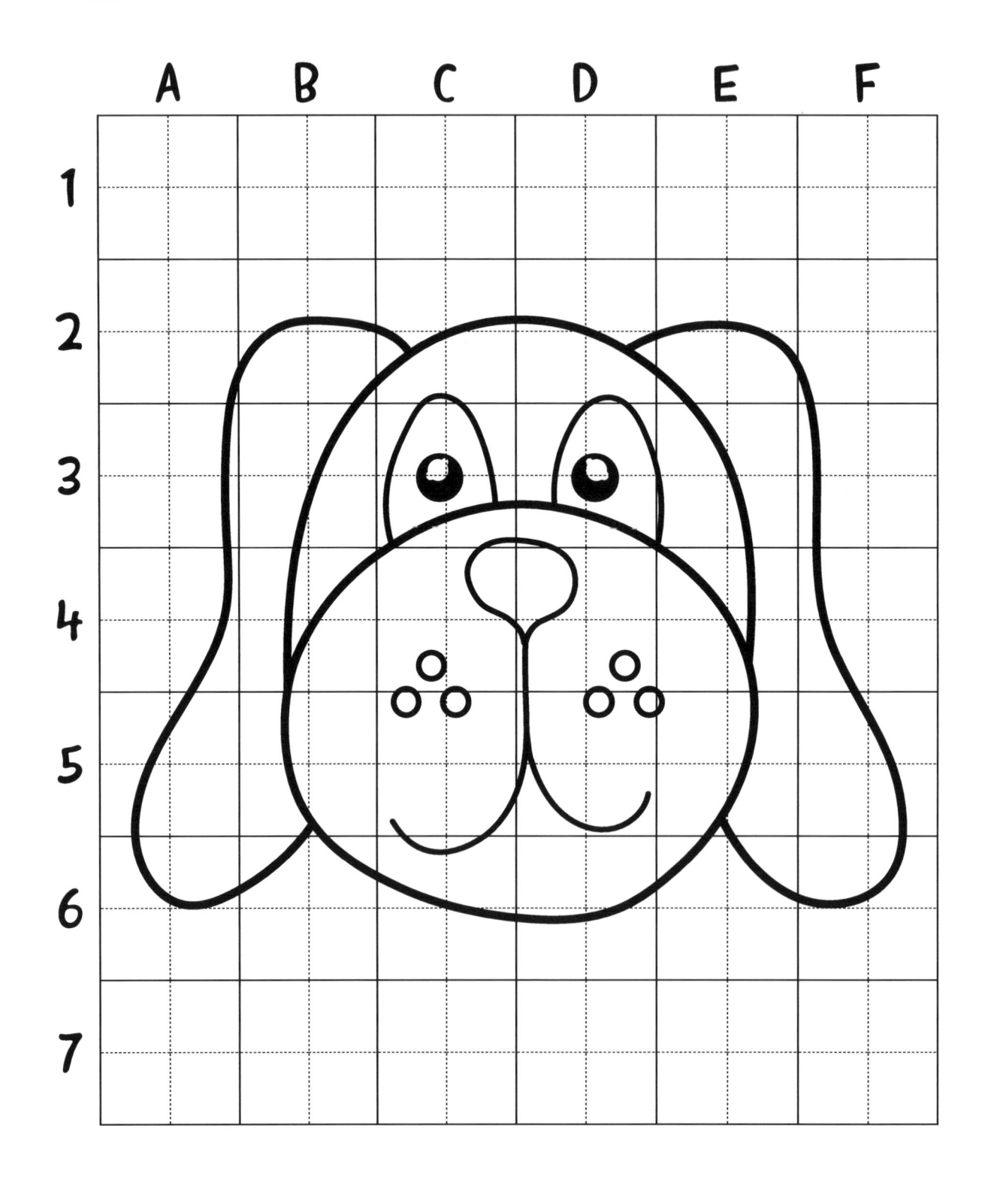

A B C D E F

1
2
3
4
5
6
7

Jouw beurt om te kopiëren

	A	B	C	D	E	F
1						
2						
3						
4						
5						
6						
7						

Teken het na

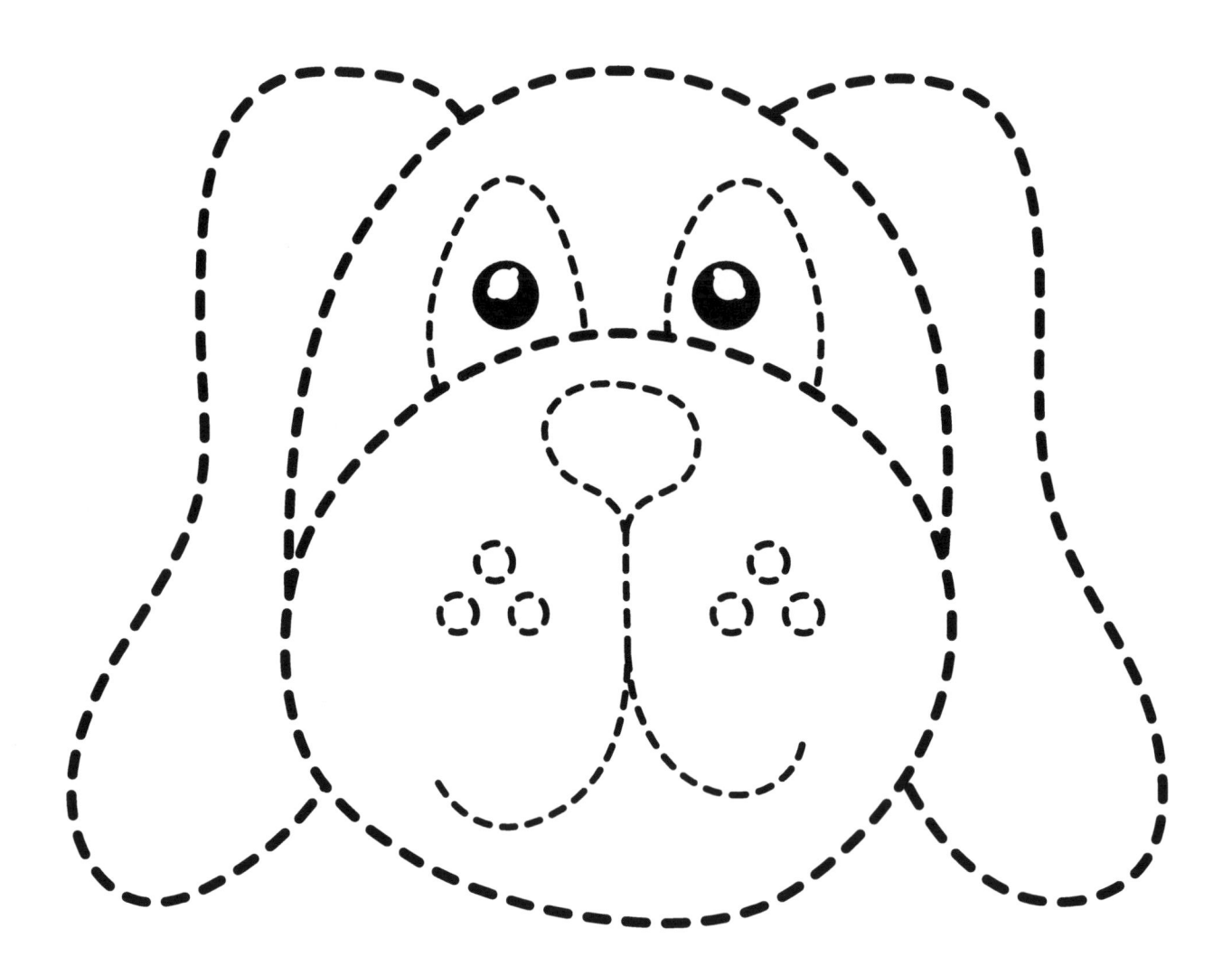

Probeer het zelf

Bestudeer de afbeelding zorgvuldig

A B C D E F

1 2 3 4 5 6 7

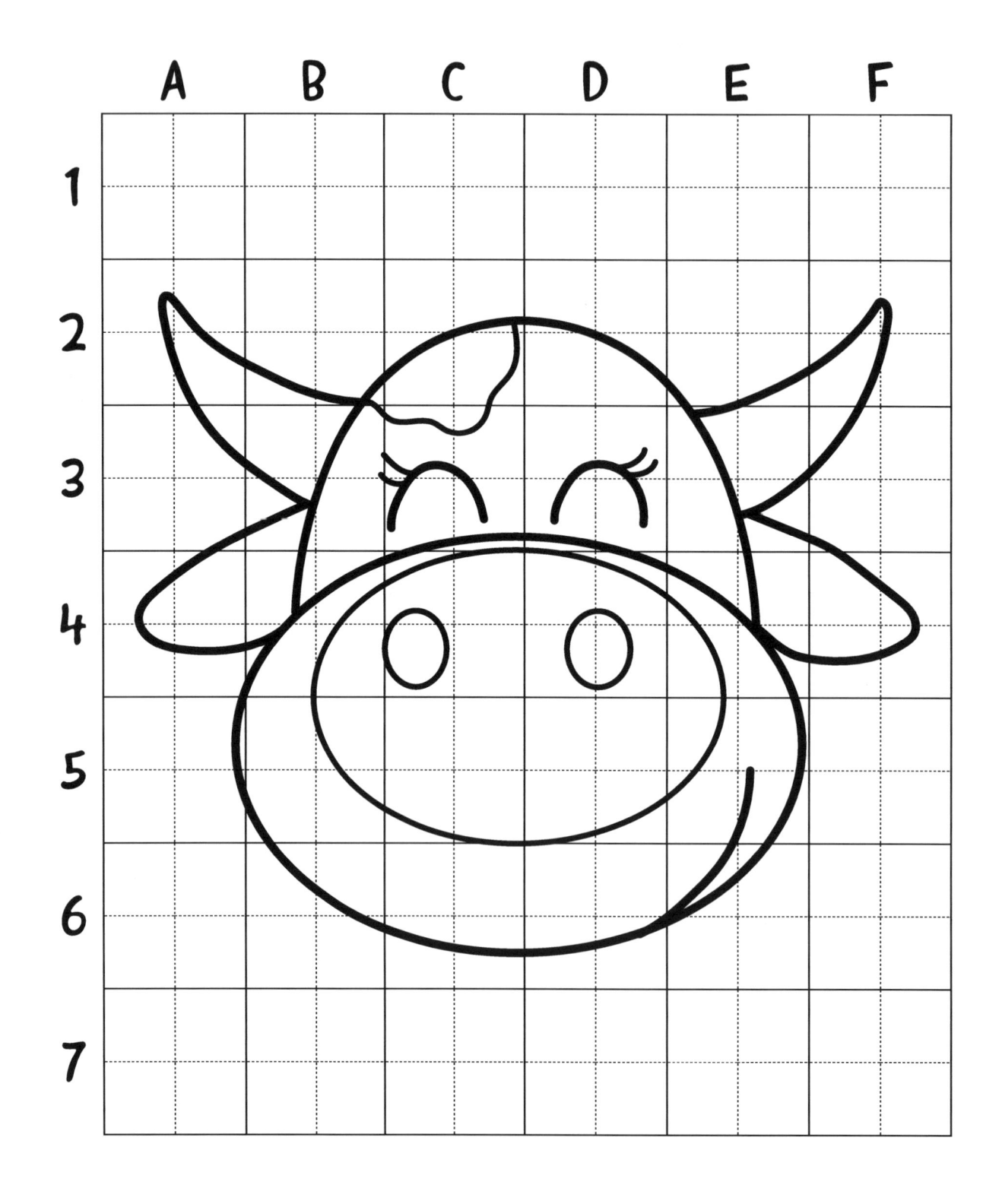

Jouw beurt om te kopiëren

	A	B	C	D	E	F
1						
2						
3						
4						
5						
6						
7						

Teken het na

Probeer het zelf

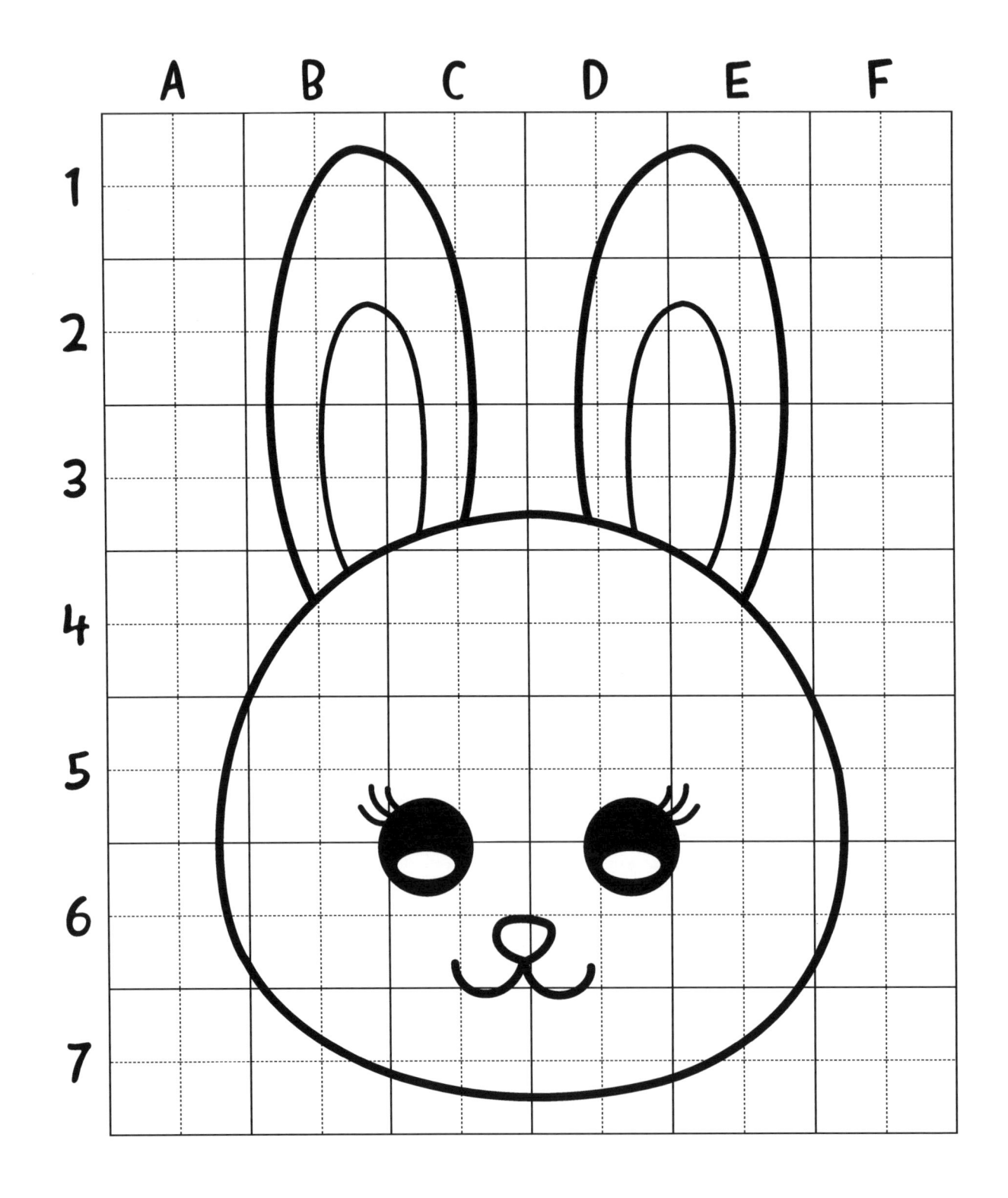

Bestudeer de afbeelding zorgvuldig

Jouw beurt om te kopiëren

	A	B	C	D	E	F
1						
2						
3						
4						
5						
6						
7						

Teken het na

Probeer het zelf

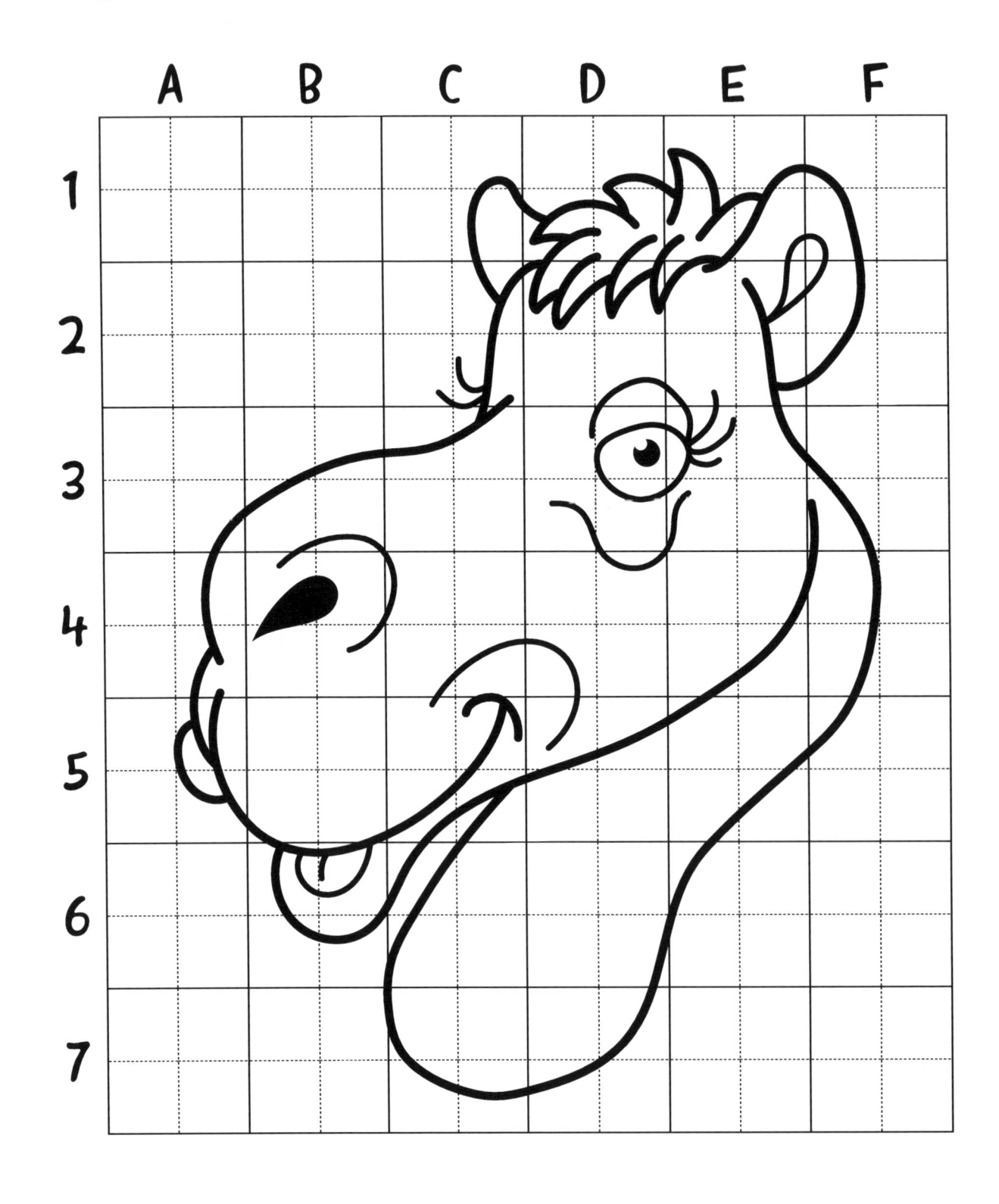

Bestudeer de afbeelding zorgvuldig

Jouw beurt om te kopiëren

	A	B	C	D	E	F
1						
2						
3						
4						
5						
6						
7						

Teken het na

Probeer het zelf

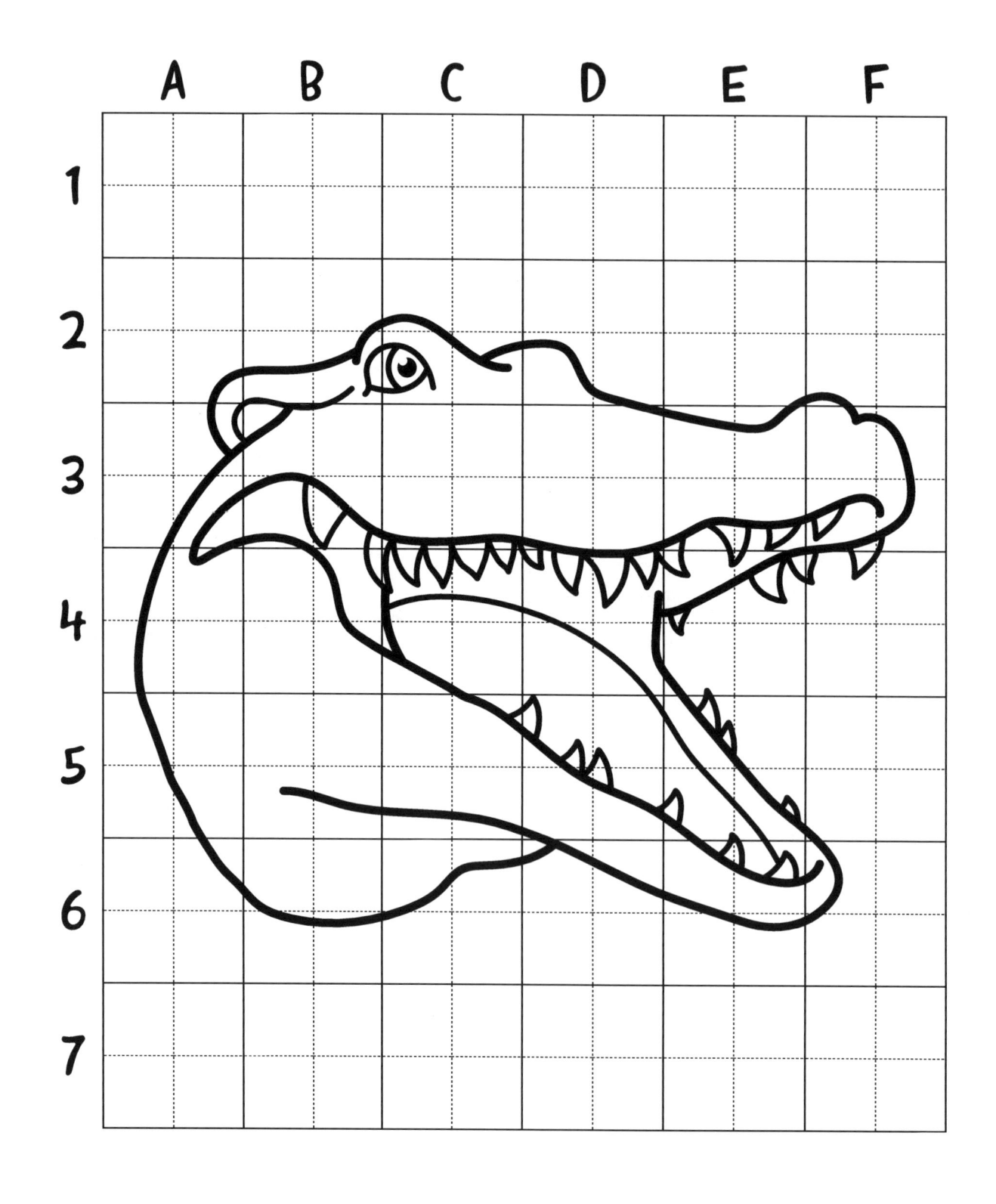

Bestudeer de afbeelding zorgvuldig

Jouw beurt om te kopiëren

	A	B	C	D	E	F
1						
2						
3						
4						
5						
6						
7						

Teken het na

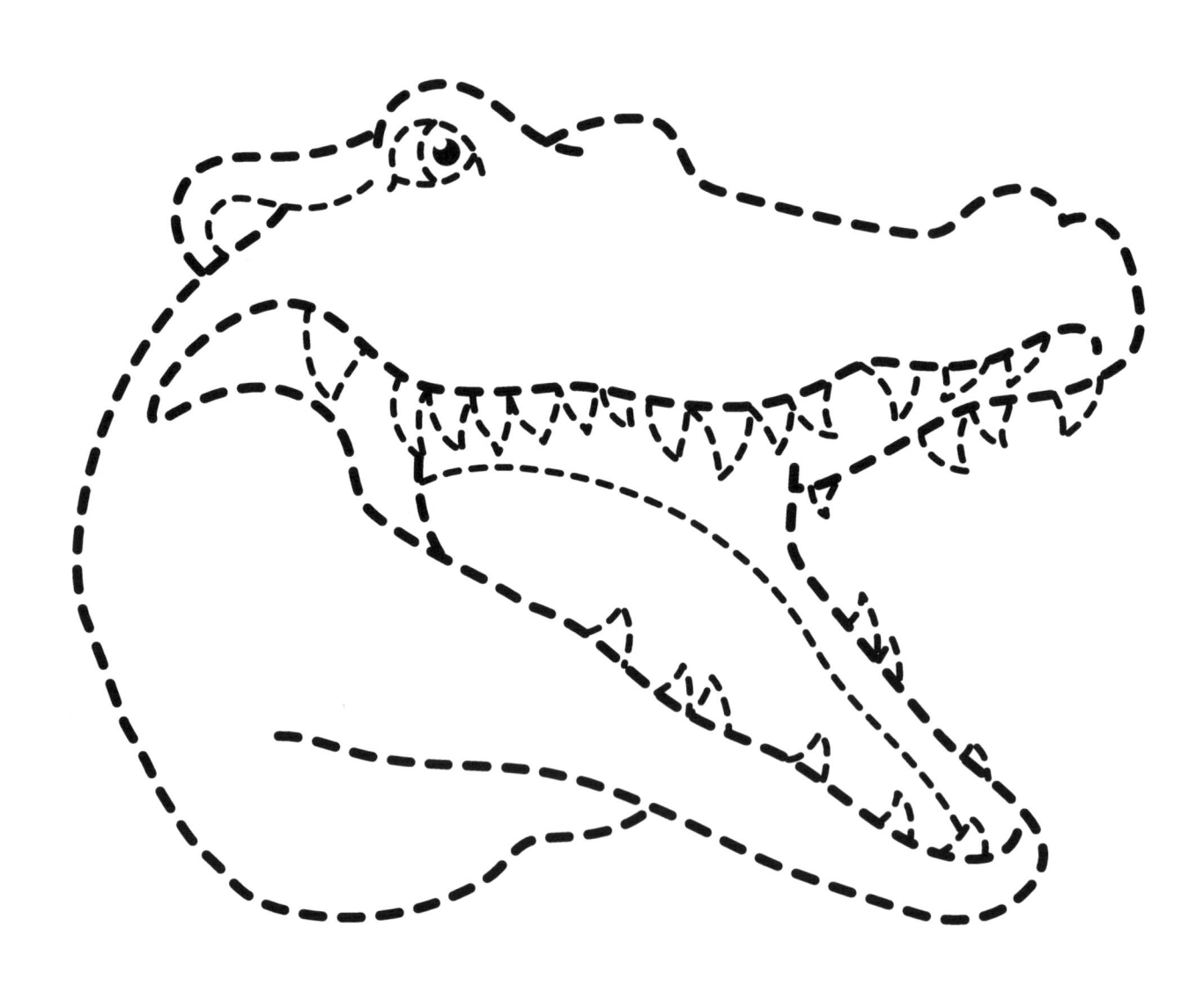

Probeer het zelf

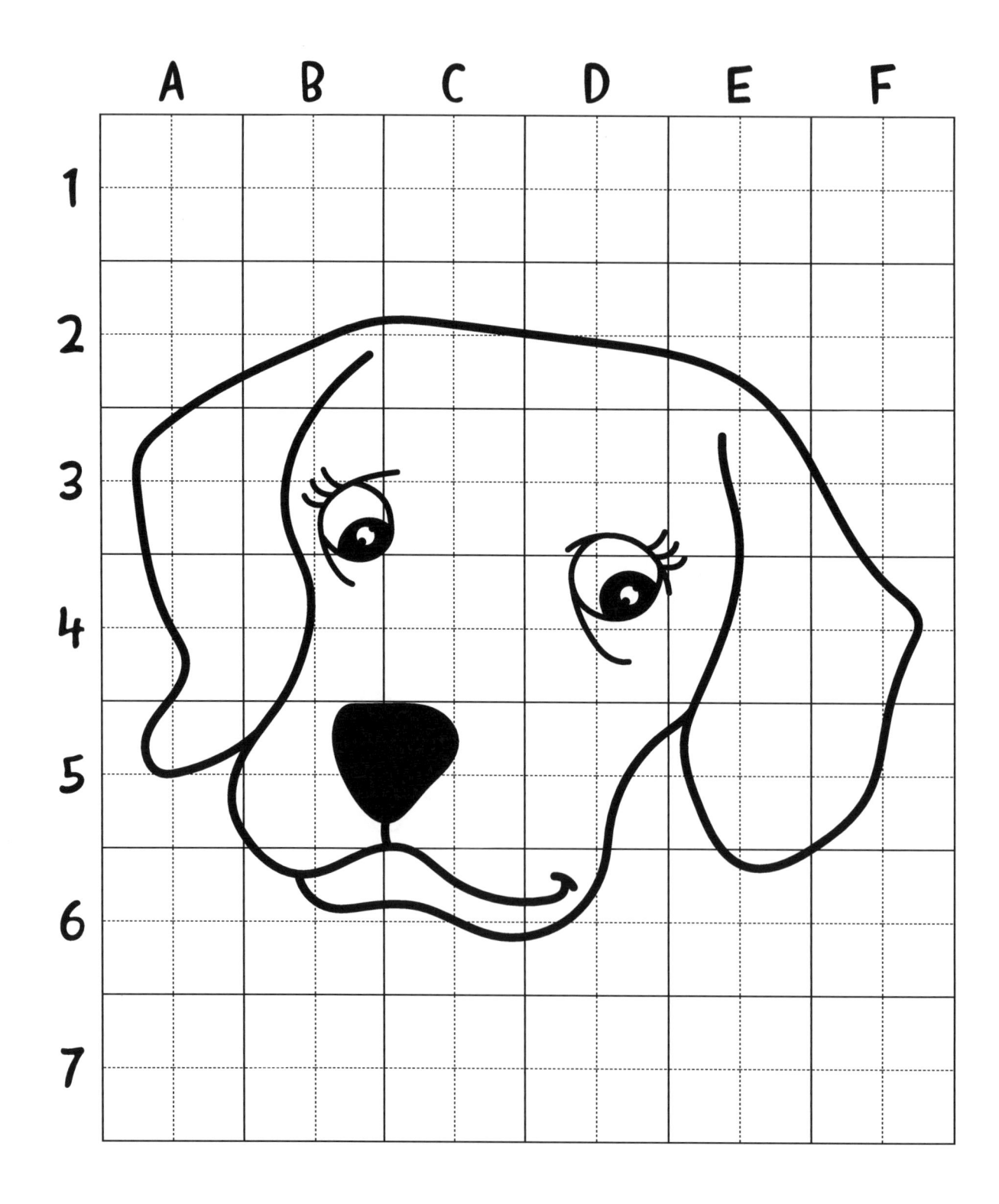

Bestudeer de afbeelding zorgvuldig

A B C D E F

1 2 3 4 5 6 7

Jouw beurt om te kopiëren

	A	B	C	D	E	F
1						
2						
3						
4						
5						
6						
7						

Teken het na

Probeer het zelf

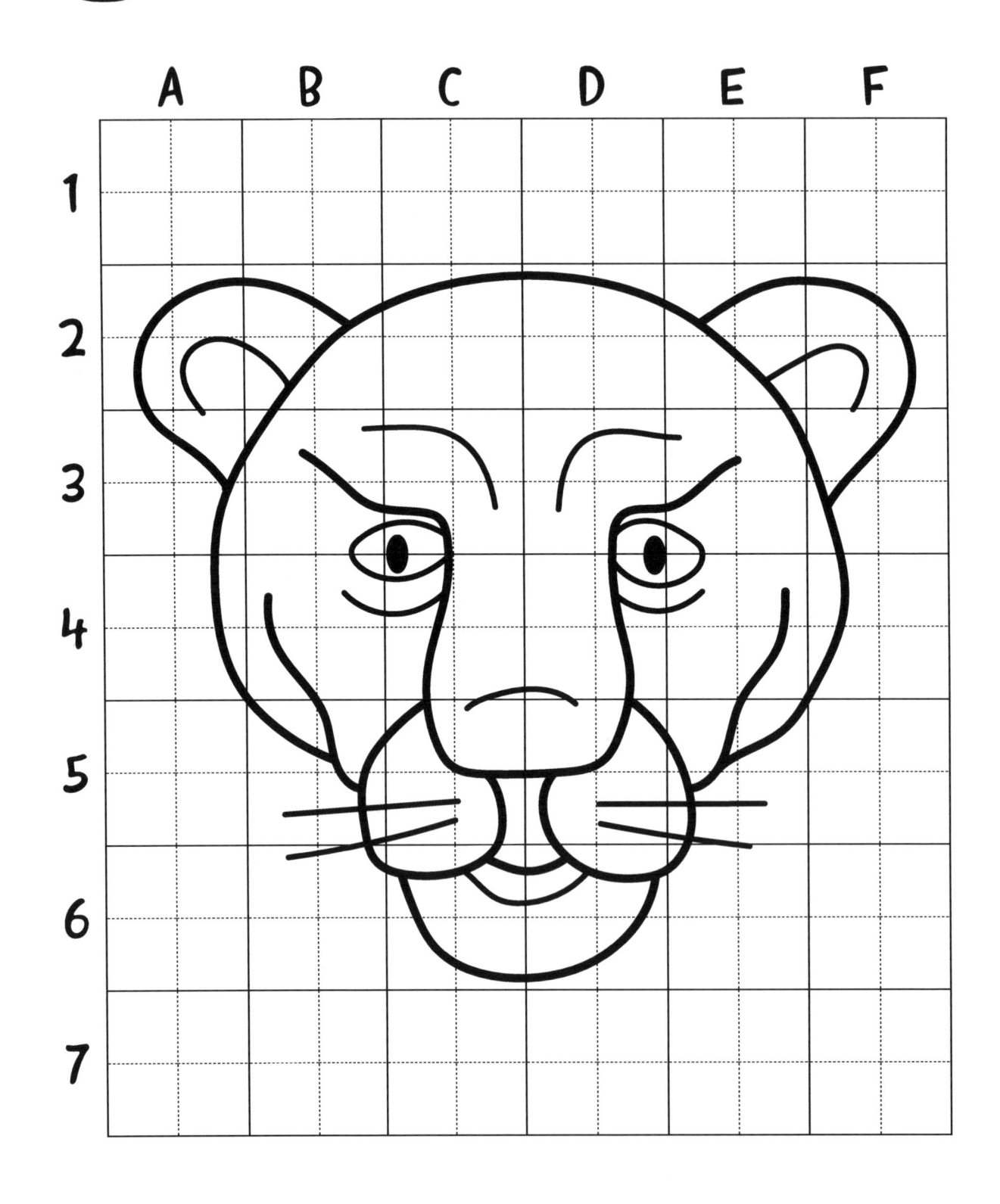

Bestudeer de afbeelding zorgvuldig

Jouw beurt om te kopiëren

	A	B	C	D	E	F
1						
2						
3						
4						
5						
6						
7						

Teken het na

Probeer het zelf

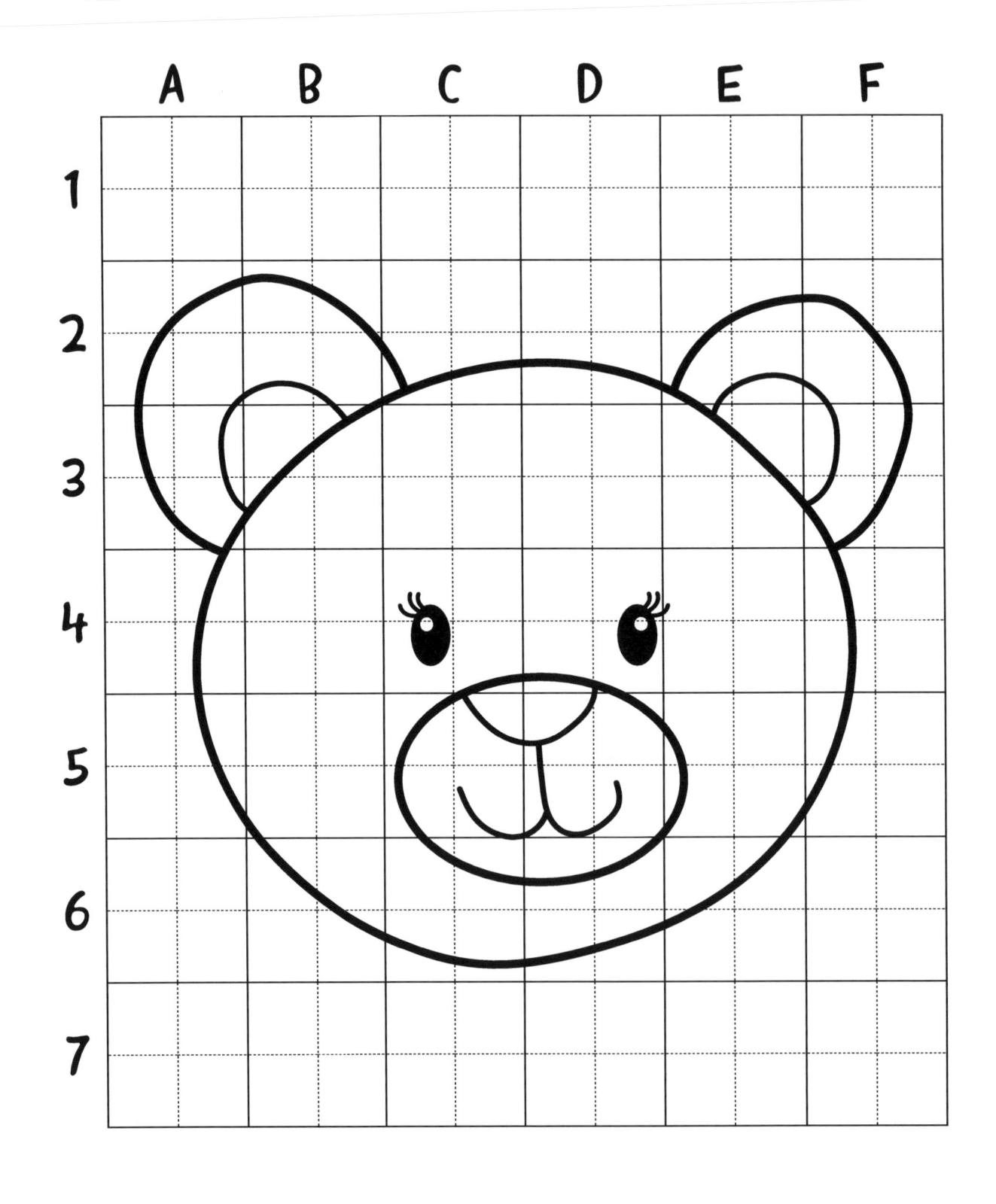

Bestudeer de afbeelding zorgvuldig

| | A | B | C | D | E | F |

Jouw beurt om te kopiëren

	A	B	C	D	E	F
1						
2						
3						
4						
5						
6						
7						

Teken het na

Probeer het zelf

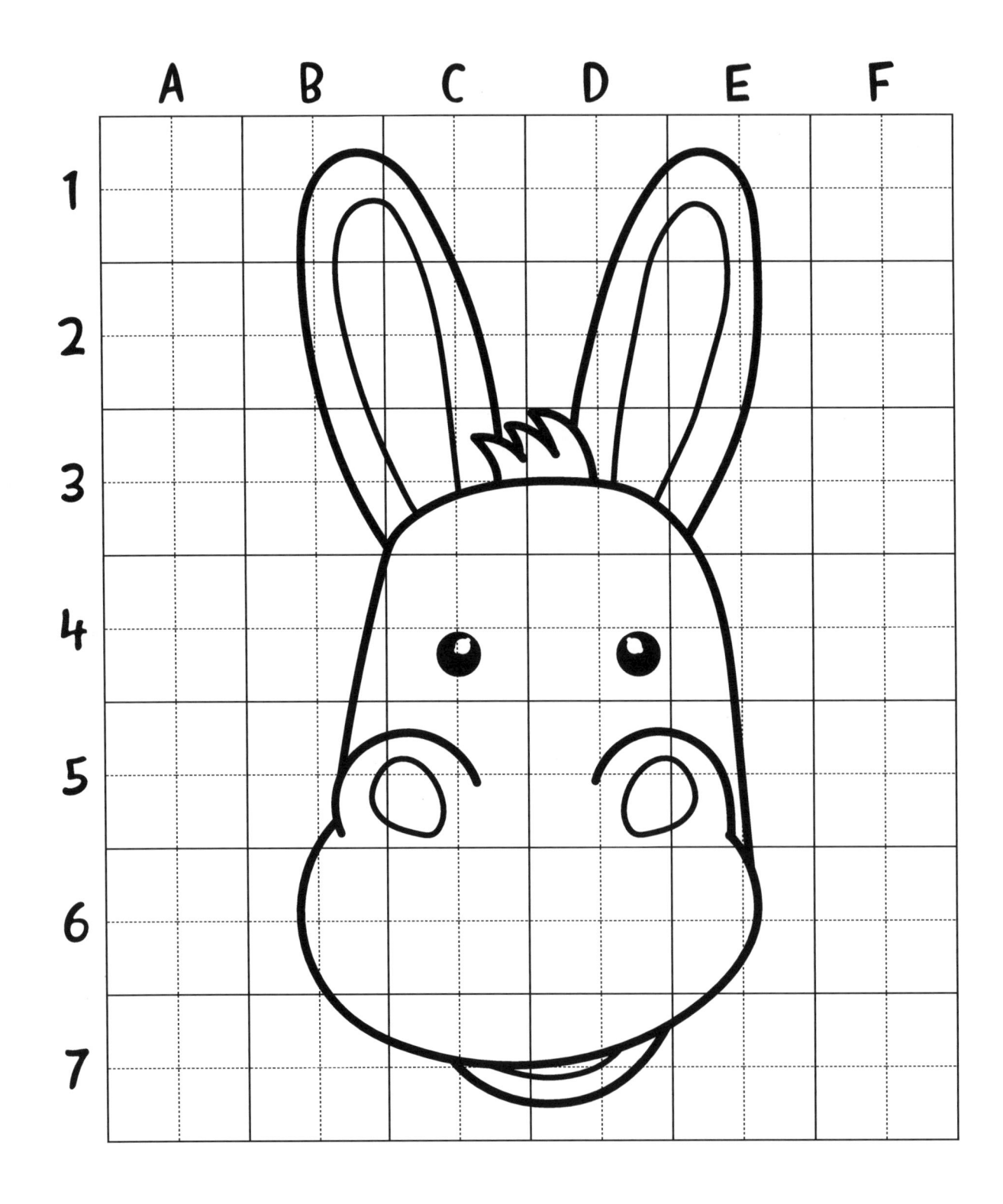

Bestudeer de afbeelding zorgvuldig

A B C D E F

Jouw beurt om te kopiëren

	A	B	C	D	E	F
1						
2						
3						
4						
5						
6						
7						

Teken het na

Probeer het zelf

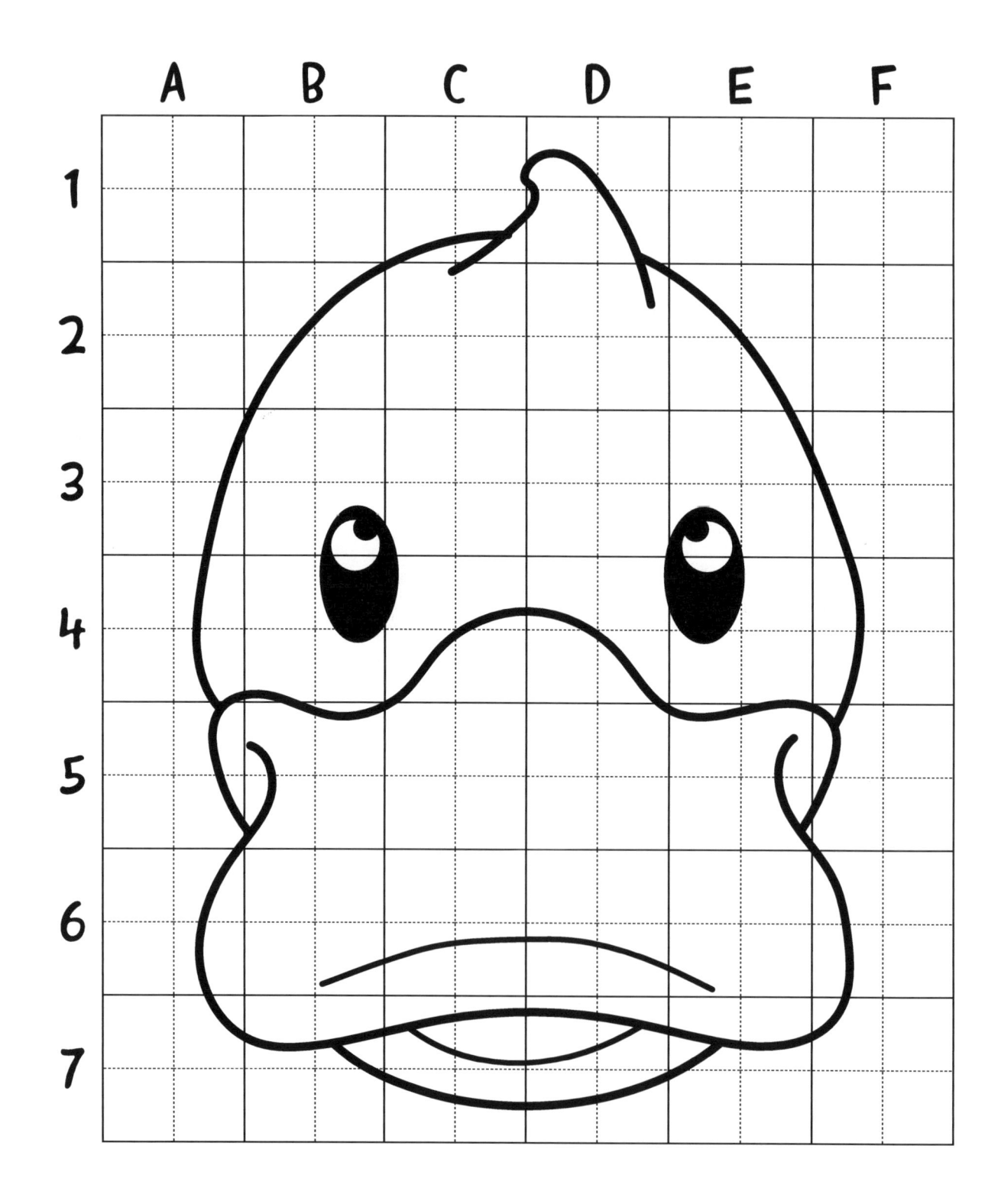

Bestudeer de afbeelding zorgvuldig

   A   B   C   D   E   F
1
2
3
4
5
6
7

Jouw beurt om te kopiëren

	A	B	C	D	E	F
1						
2						
3						
4						
5						
6						
7						

Teken het na

Probeer het zelf

Bestudeer de afbeelding zorgvuldig

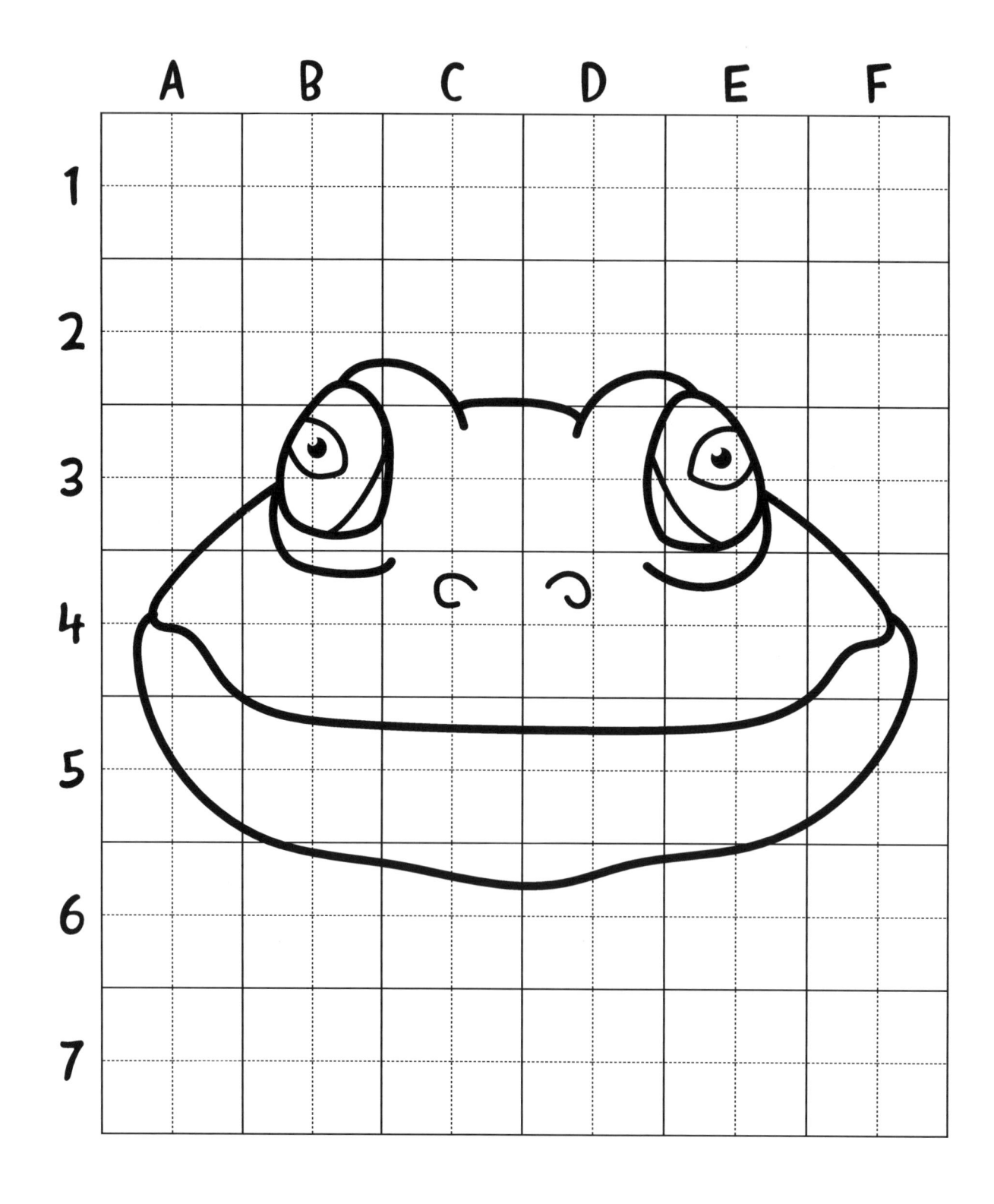

| | A | B | C | D | E | F |

Jouw beurt om te kopiëren

	A	B	C	D	E	F
1						
2						
3						
4						
5						
6						
7						

Teken het na

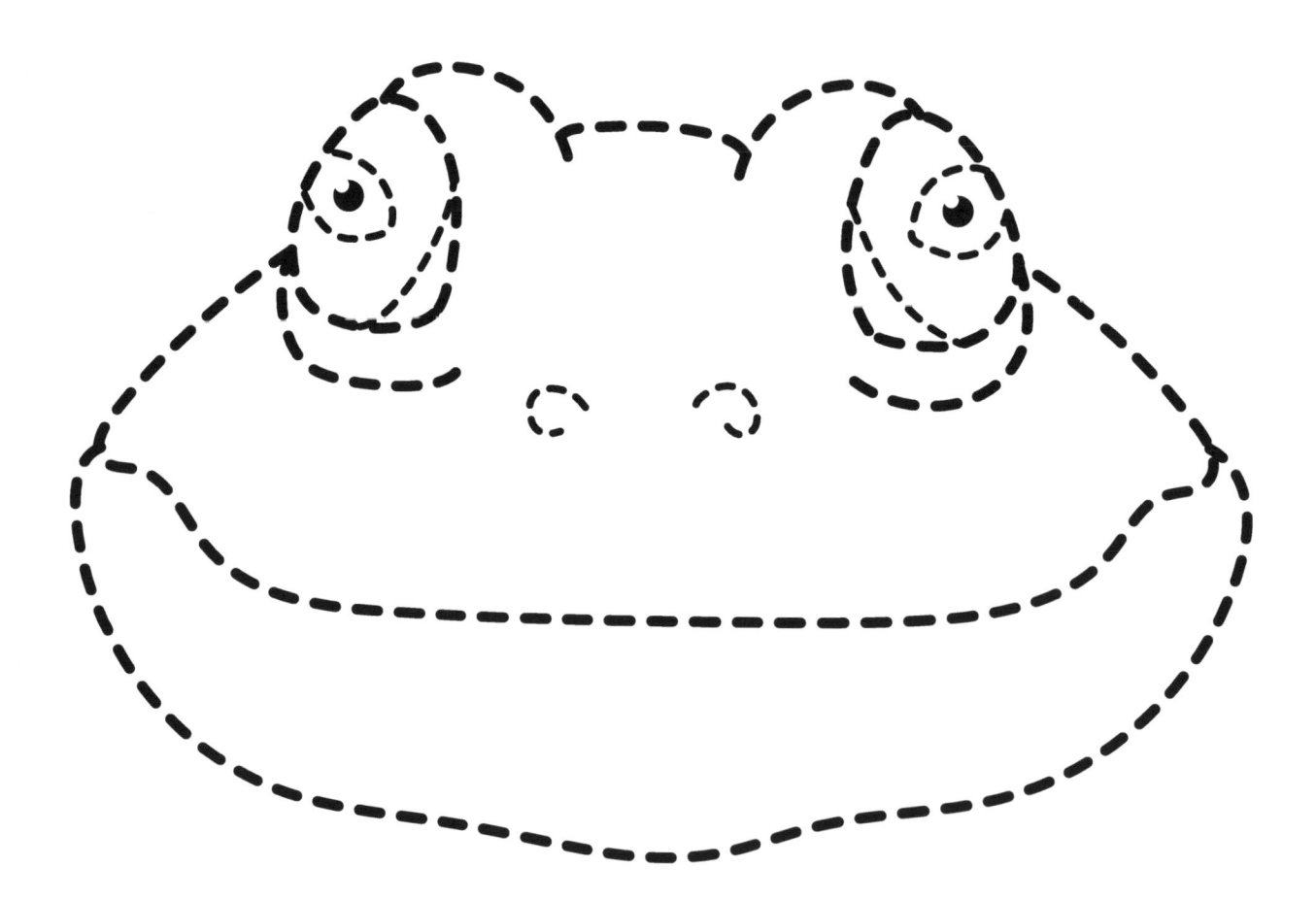

Probeer het zelf

Bestudeer de afbeelding zorgvuldig

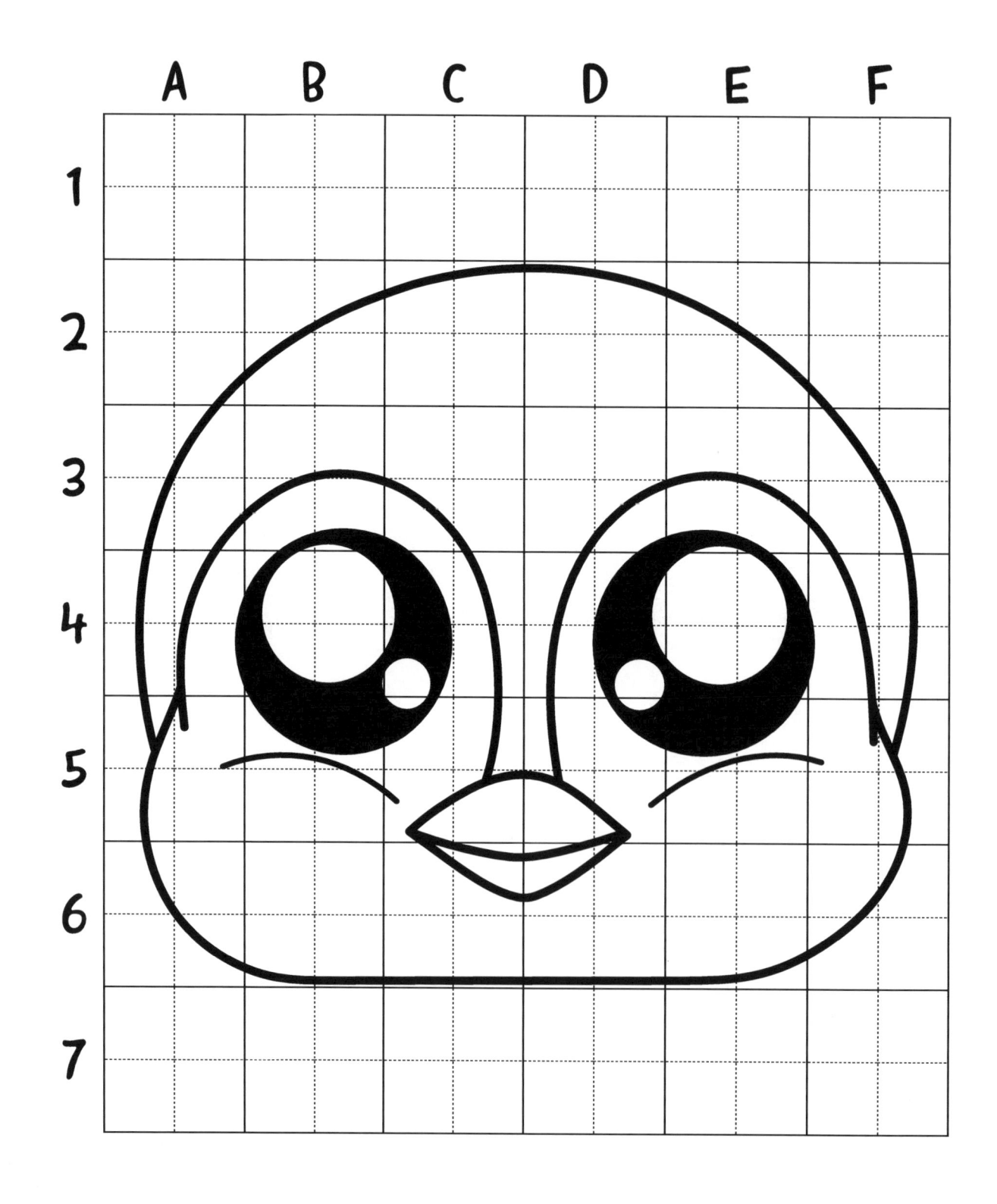

A B C D E F

1 2 3 4 5 6 7

Jouw beurt om te kopiëren

	A	B	C	D	E	F
1						
2						
3						
4						
5						
6						
7						

Teken het na

Probeer het zelf

Bestudeer de afbeelding zorgvuldig

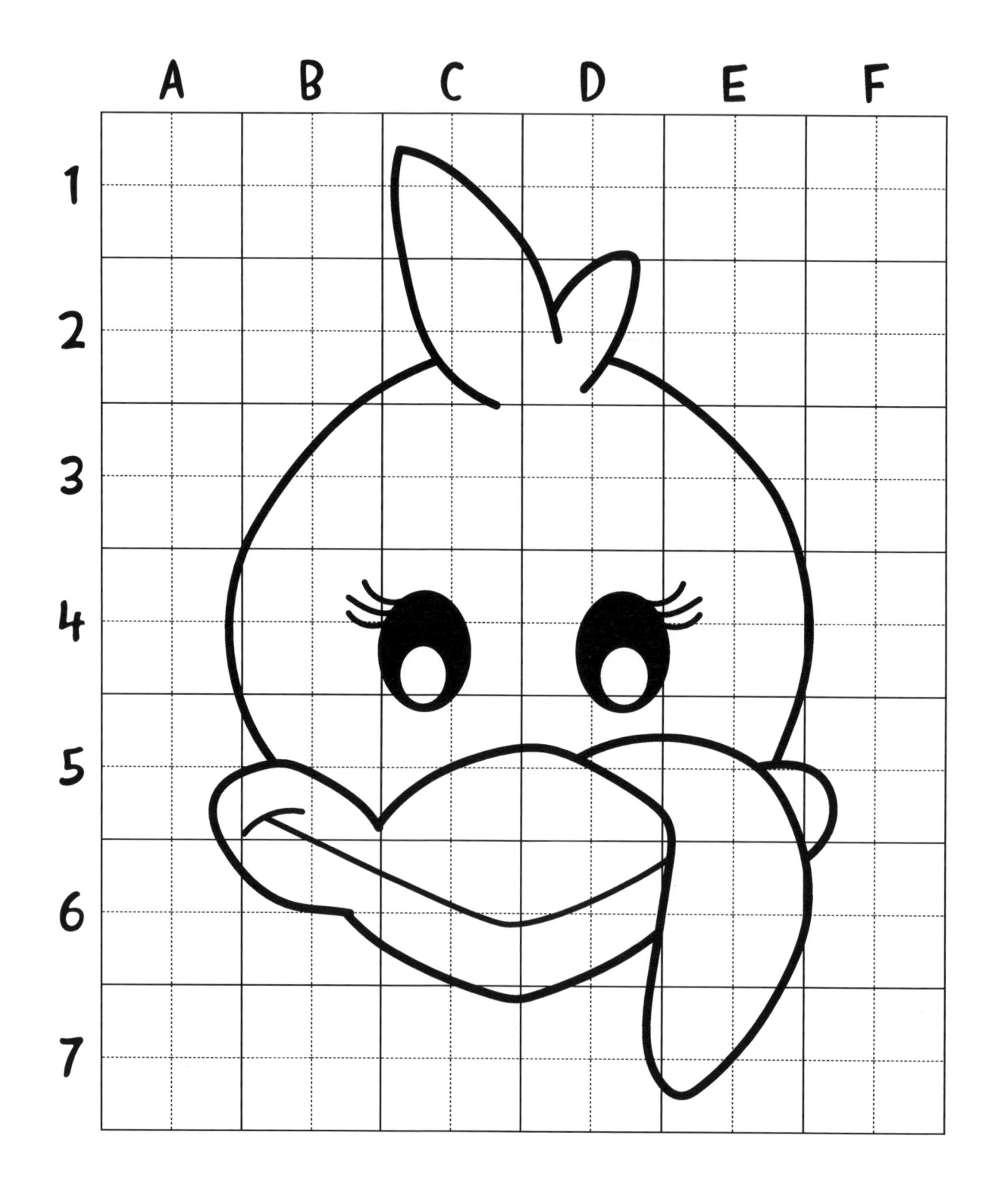

Jouw beurt om te kopiëren

	A	B	C	D	E	F
1						
2						
3						
4						
5						
6						
7						

Teken het na

Probeer het zelf

Printed in Poland
by Amazon Fulfillment
Poland Sp. z o.o., Wrocław